FACULTÉ DE DROIT DE PARIS.

THÈSE

POUR LE DOCTORAT,

PAR

ÉMILE LABICHE,

AVOCAT A LA COUR D'APPEL DE PARIS.

PARIS,

IMPRIMÉ PAR E. THUNOT ET Cie,

RUE RACINE, 26, PRÈS DE L'ODÉON.

—

1852.

FACULTÉ DE DROIT DE PARIS.

THÈSE

POUR LE DOCTORAT,

PAR

LABICHE (Émile-Charles-Didier),

AVOCAT A LA COUR D'APPEL DE PARIS,

né à Béville-le-Comte (Eure-et-Loir).

Cette thèse sera soutenue le jeudi 19 février 1852 à une heure et demie.

Président :   M. PELLAT, *professeur et doyen.*

Suffragants :   MM. DEMANTE,
             ROYER-COLLARD,   *professeurs.*
             VUATRIN,
             COLMET DE SANTERRE,   *professeur suppléant.*

PARIS.

IMPRIMERIE DE E. THUNOT ET Cie,

RUE RACINE, 26, PRÈS DE L'ODÉON.

1852

DU RETOUR LÉGAL DE L'ASCENDANT DONATEUR.

———

SOMMAIRE.

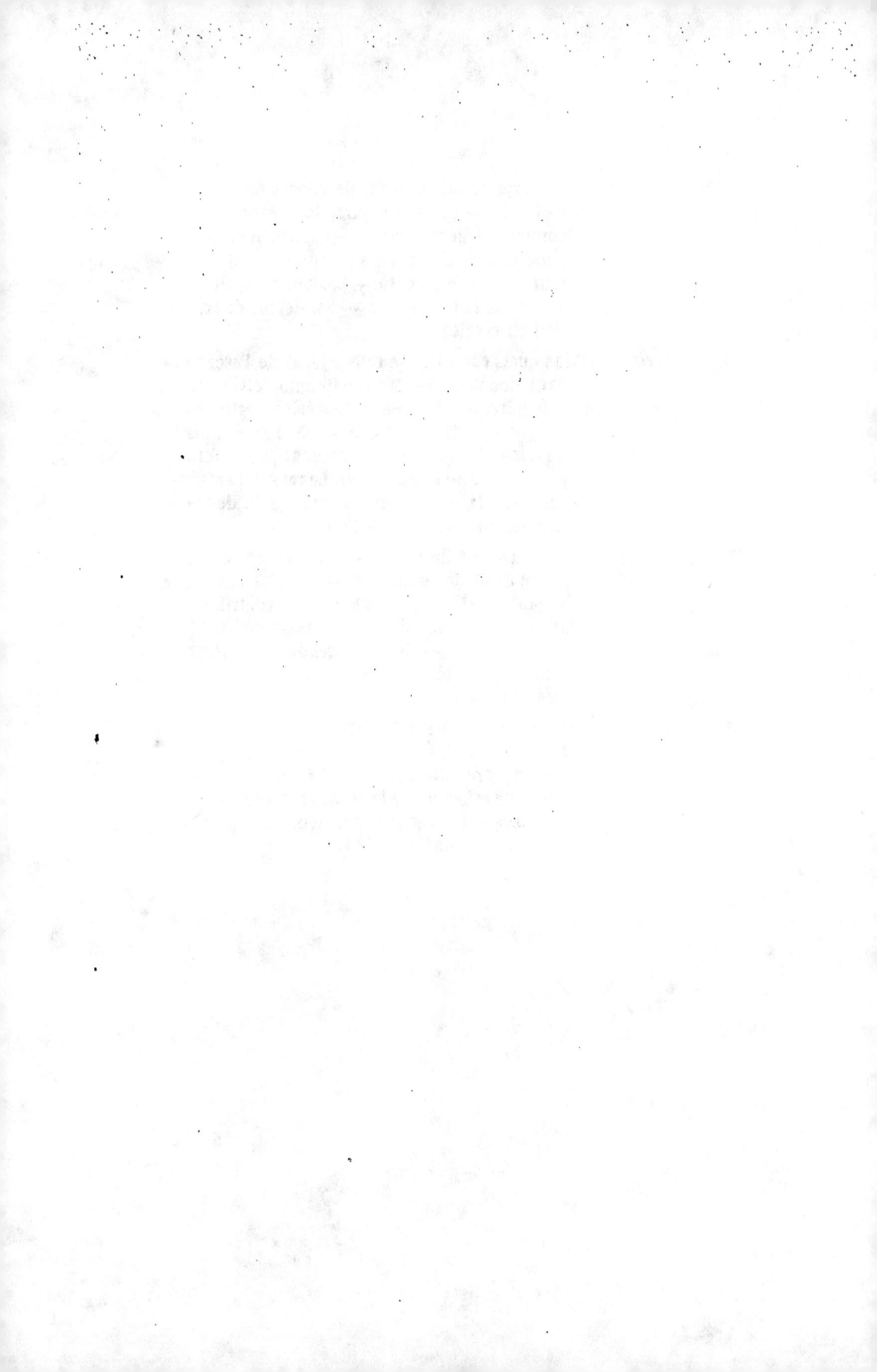

DU DROIT

DE RETOUR LÉGAL

DE L'ASCENDANT DONATEUR.

———◆———

PRÉLIMINAIRES.

1. — La matière des successions était l'une des plus difficiles de l'ancien droit. Ses règles, empreintes de l'esprit féodal et aristocratique, présentaient une complication infinie, et une variété d'autant plus grande, que presque tout, dans ce sujet, est de droit arbitraire.

La loi du 2 nivôse an II, et le Code après elle, établirent un régime uniforme pour toute la France, abrogèrent expressément la plupart des anciennes règles les plus fertiles en complications. Quelques articles, cependant, font exception à ce système, et en modifient la simplicité en établissant une succession à certains biens, en dehors des règles ordinaires. L'article 747 est du nombre. Il consacre un droit de succession en faveur de l'ascendant donateur.

Contrairement au principe posé par l'art. 732, cette succession admet la recherche de l'origine des biens; par elle, on recueille, à titre héréditaire, des objets particuliers.

A cause de cette double exception à deux règles fondamentales du droit nouveau, cette succession est dite *anomale.*

En vertu de ce droit de succession, qu'on nomme aussi droit de retour légal de l'ascendant donateur, les biens advenus gratuitement à une personne décédée sans postérité, retournent à titre de succession à l'ascendant dont le défunt les tient.

2. — L'origine de cette institution se trouve dans le droit romain. Elle y était fondée sur un double motif : ne pas ajouter au chagrin que faisait éprouver à l'ascendant la perte de sa fille, le regret de perdre la dot qu'il avait constituée; encourager sa libéralité envers ses descendants. On lui ôtait aussi la crainte de voir, en cas de prédécès de sa postérité, les biens dont il s'était dépouillé en sa faveur, passer en des mains étrangères.

Cette institution a depuis traversé des phases bien diverses, acquis, selon les temps, des caractères bien différents.

Il faut remonter jusqu'au droit romain, pour voir par combien de tâtonnements et d'essais successifs la législation a passé, avant d'arriver aux principes qui nous servent de règle aujourd'hui. Il faut, après en avoir trouvé l'origine, en suivre le développement pour en connaître mieux la nature et la portée.

PREMIÈRE PARTIE.

NOTIONS HISTORIQUES.

DROIT DE RETOUR LÉGAL DANS LE DROIT ROMAIN, DANS LES PAYS DE DROIT ÉCRIT, DANS LES PAYS COUTUMIERS ET DANS LE DROIT INTERMÉDIAIRE.

<hr/>

CHAPITRE PREMIER.

RETOUR LÉGAL DANS LE DROIT ROMAIN.

3. — Dans la législation romaine, le droit de retour légal n'avait été admis que pour la dot, dans certains cas, et seulement en faveur de l'ascendant paternel donateur.

Ce retour était une dérogation aux principes qui régissaient la dot. Il faut les exposer (1).

La dot appartenait au mari, mais elle était destinée à pourvoir aux besoins de la vie conjugale. La dissolution du mariage ne faisait pas toujours cesser cette destination : car si la femme survivait, elle pouvait se remarier.

De là, l'action en restitution de la dot, en cas de divorce ou de prédécès du mari.

Lorsque le mariage finissait par la mort de la femme, la destination de la dot ne pouvait être invoquée pour amener sa restitution.

<hr/>

(1) *Voy.* M. Pellat, *Textes sur la dot*, p. 48.

Par les motifs que nous avons indiqués plus haut, une jurisprudence plus humaine modifia les principes rigoureux de l'ancien droit.

On accorda à l'ascendant une action personnelle contre le mari, pour l'obliger à lui transférer la propriété de ce qu'il avait constitué en dot.

Cette dot, soumise au droit de retour, se nommait profectice, parce qu'il importait de savoir d'où elle était partie, puisque c'était là qu'elle devait revenir. (*Eo reversura est unde profecta.*)

4. — Trois conditions sont nécessaires pour qu'il y ait lieu au retour de la dot.

Il faut : 1° que celui qui l'invoque soit un ascendant paternel *per virilem sexum conjunctus;*

2° Que le bien constitué en dot soit parvenu au mari pour le fait de l'ascendant;

3° Que la fille soit morte dans le mariage.

SECTION PREMIÈRE.

Qui a droit au retour.

5. — L'ascendant paternel donateur, *per virilem sexum conjunctus*, est le seul qui ait droit au retour légal. L. 79, D., *De jure dot.* (XXIII, 3); L. 1, § 13, *in fine*, Cod., *De rei uxor.* (V, 13.)

6. — Le père adoptif est considéré comme tel : « S'il » donne une dot, il a droit au retour. » L. 5, § 13, *eod.*

7. — L'ascendant doit survivre à la dissolution du mariage, son action ne peut passer à ses héritiers, s'il n'a mis le mari en demeure avant sa mort.

8. — Si le père est condamné, et ses biens confisqués, le fisc n'aura aucun droit à la dot qui aurait dû revenir au père, à moins qu'il ne soit prouvé qu'elle n'ait été constituée que pour frauder le fisc. L. 8, § 4; L. 9, D., *De bonis damnator.* (XLVIII, 20.) Si l'aïeul donateur prédécédé n'avait donné la dot qu'en considération de son fils, le retour s'effectuerait en faveur de ce dernier même exhérédé. L. 6, D., *De coll.* (XXXVII, 6.)

SECTION II.

Quelles choses sont assujetties au retour.

9. — La dot profectice est seule soumise au retour légal en faveur de l'ascendant donateur. « Profectitia » dos est, quæ a patre vel parente profecta est, de » bonis vel de facto ejus (L. 5, D., *De jure dot.*). » Là dot profectice est celle qui est venue du père ou de l'ascendant paternel, et qui provient de ses biens ou de son fait.

Telle est la définition que donne Ulpien.

10. — On comprend (L. 6, § 1, D., *De jure dot.*) dans les biens du père, même les choses appartenant à autrui, qu'il a achetées de bonne foi.

Ainsi, un père donne en dot un fonds de terre, qu'il a acheté de bonne foi, dont un autre est propriétaire. Ce fonds sera censé provenir de ses biens. L'usucapion l'aurait conduit à la propriété; en donnant le fonds, il s'est dépouillé de ce qu'il avait.

Papinien (L. 81, D., *cod. t.*) donne une décision contraire dans un cas qui paraît analogue.

Il s'agit d'écus donnés en dot pour la fille par son père.

Celui-ci les a reçus en prêt ou en payement d'une créance d'une personne qui n'en était pas propriétaire.

Le cas prévu est donc le même que le précédent, si ce n'est qu'au lieu d'un fonds de terre, il s'agit d'écus appartenant à autrui. Papinien ne reconnaît le caractère de profectice à la dot, que quand les écus auront été consommés de bonne foi, parce qu'après cette consommation, sans doute, la revendication n'étant plus possible, le mari est réputé propriétaire.

Le père pouvait acquérir par l'usucapion l'argent qu'il a emprunté de bonne foi *a non domino*, tout aussi bien que le fonds qu'il a acheté de bonne foi *a non domino*. En constituant la dot, il s'est donc privé des mêmes droits. En perdant sa fille, dans le premier cas aussi bien que dans le second, il sera exposé à la double perte que l'institution de la dot profectice a pour but de lui éviter. On ne voit donc pas la raison d'une décision différente dans les deux cas.

On propose (1) de concilier ces deux textes, en sous-entendant dans la loi 6, § 1 que la dot devient profectice quand le mari, par l'usucapion du fonds, est à l'abri de la revendication ; comme dans la loi 81, quand, par la consommation des écus (et il faut ajouter, ou par l'usucapion), il est à l'abri de la revendication.

Mais rien dans le texte (L. 6, § 1) ne donne à supposer que l'usucapion soit accomplie. On ne voit pas pourquoi le défaut d'usucapion ou de consommation, auquel le père reste nécessairement étranger, lui nuirait ; pourquoi le droit de retour lui serait enlevé dans des circonstances identiques à celles où la loi lui accorde cette faveur.

---

(1) *Voy.* M. Pellat, Textes sur la dot, p. 421.

Il n'y a donc pas de raison de différence entre la décision de la loi 6, § 1 et celle de la loi 81. La première paraît plus équitable ; si la dissolution du mariage a lieu après l'usucapion, le père aura droit au retour de la propriété ; si le mariage est dissous avant, le père n'aura droit au retour que de ce qu'il a donné, que de ses chances d'usucapion.

11. — La dot est encore profectice, quoiqu'elle ne sorte pas directement des biens de l'ascendant paternel, qu'elle ait été fournie par une autre personne, si elle provient, comme le dit Ulpien, de son fait, c'est-à-dire, tombe, en définitive, à sa charge.

Ainsi, la dot profectice peut avoir été donnée par le procureur de l'ascendant ou par son gérant d'affaires, aussi bien que par lui (L. 5, § 1, cod. t.). Elle peut l'être par un expromisseur ou un fidéjusseur (§ 7, ead. l.). L'ascendant est alors obligé, par l'action *mandati*, à rembourser celui qui a payé.

De même, si un fils de famille ayant, on le suppose, l'intention de faire l'affaire de son père, donne en dot pour sa fille de l'argent emprunté, l'aïeul aura droit au retour dans la limite de ce qu'il devait donner lui-même (§ 8, ead. l.).

12. — Il y aura encore lieu au retour, si, en voulant faire une donation au père, on donne, sur son indication, une dot pour sa fille (§ 2, ead. l.), il y a alors tradition de brève main.

La même décision n'est pas donnée dans le cas où le père, pour en faire profiter son gendre, a négligé de faire adition, ou répudié une hérédité ou un legs ; il n'y a pas là, dit Julien (§ 5, ead. l.) dot profectice, parce que le père a seulement négligé d'acquérir, mais n'a rien fourni de ses biens.

En réalité, n'y a-t-il pas similitude avec le cas prévu par le § 2. Dans un cas, c'est comme donataire, dans l'autre, comme héritier, que le père refuse d'acquérir, pour enrichir son gendre ?

On donne les raisons suivantes de cette diversité de décision : dans le cas prévu par le § 5, l'acquisition à titre d'héritier par le gendre est inconciliable avec une acquisition préalable par le père ; le gendre ne peut être héritier que parce que le père ne l'a pas été ; dans le cas de donation, il n'en est pas de même : l'on ne voit qu'une tradition de brève main. On ajoute que, quand le mari est héritier, son acquisition n'est pas seulement fondée, comme dans le cas de donation, sur une disposition du père, il peut invoquer un autre titre, qu'on trouve dans la loi, s'il était appelé *ab intestat ;* dans le testament, s'il était substitué.

Quoi qu'il en soit, la décision du § 5 est contraire aux motifs qui ont fait établir en faveur du père le droit de retour légal. A la dissolution du mariage par la mort de sa fille, il éprouvera la double perte que le législateur voulait lui éviter.

Le curateur du père, s'il est fou ou prodigue, le préteur ou le président de la province, s'il est prisonnier, peuvent constituer une dot profectice (§§ 3, 4, *ead. l.*).

13. — Mais si le père n'a rien donné qui provienne de ses biens, s'il ne s'est pas obligé, ou un autre en son nom, il n'aura pas le droit de retour.

Ainsi, lorsque la fille, du consentement du père, donne à son mari en dot des biens dont son père avait disposé en sa faveur depuis son émancipation, la dot ne sera pas regardée comme constituée par le père (L. 51, *cod. tit.*).

14. — La dot donnée peut rester à la charge du père sans qu'elle soit pour cela profectice, par exemple, si le

père s'est trouvé forcé de payer comme caution sans pouvoir se faire rembourser par le débiteur principal la dot promise par celui-ci (L. 5, § 6, D., *De jure dot.*).

15. — Papinien décide qu'un père, curateur de sa fille devenue indépendante, est présumé, en lui constituant une dot, avoir agi plutôt comme père que comme curateur; la dot sera donc profectice (§ 12, *ead. l.*) (1).

Un étranger (§ 14, *ead. l.*) promet une dot, puis institue son héritier le père de la fille, pour laquelle il a promis la dot. Si le père n'est héritier et ne donne la dot qu'après le mariage, il n'a agi que comme débiteur, et, par nécessité, la dot est adventice. Si, au contraire, le père l'a donnée avant, comme il était libre, en rompant les fiançailles, de se décharger du payement de la dot, il est présumé l'avoir donnée spontanément, et il a droit au retour.

Si un fils de famille a promis une dot, que, devenu indépendant, il l'ait payée, la dot sera profectice, parce qu'il est réputé avoir payé sa propre dette, contractée comme fils de famille, plutôt que celle de son père, dont il est héritier. Par sa promesse, en effet, il avait obligé accessoirement son père jusqu'à concurrence du pécule (§ 10, *ead. l.*).

16. — Enfin, il faut que, provenant du père, la dot ait été constituée par lui comme père, et non pas comme débiteur de sa fille émancipée (§ 11, *ead. l.*).

Il faut qu'il ait agi spontanément. Il n'en serait pas ainsi, s'il n'avait reçu l'objet qu'il a donné en dot qu'à cette condition (§ 9, *ead. l.*).

---

(1) On trouve la même interprétation légale dans l'art. 1546 du Cod. civ.

SECTION III.

Dans quels cas le retour de la dot profectice est ouvert et peut s'exercer.

17. — Le § 3, titre VI, Frag. d'Ulpien, nous apprend quand il y a lieu au retour de la dot profectice : *Mortua in matrimonio muliere dos a patre profecta, ad patrem revertitur.*

Il fallait que la femme fût morte dans le mariage ; cependant, par les motifs indiqués ci-dessus, la jurisprudence, dans sa sollicitude pour l'ascendant, avait déjoué la fraude dont il pouvait être victime.

La loi 5, D., *De divortiis* (XXIV, 2) prévoit le cas où la fille émancipée a divorcé dans l'intention de faire gagner à son mari la dot, et d'en frustrer son père. Celui-ci aurait pu la demander comme profectice, si la femme fût morte dans le mariage. Pour venir au secours du père, on lui permet de redemander la dot comme si la fille était morte pendant le mariage.

La loi 59, D., *Soluto matrim.* (XXIV, 3), prévient la même fraude. Le mari d'une fille émancipée et mourante la répudie afin d'avoir à restituer la dot plutôt à ses héritiers qu'à son père. Celui-ci, décident les jurisconsultes romains, n'en doit pas moins obtenir une action utile pour la restitution de la dot.

Une autre hypothèse est prévue dans la loi X *Prœm.*, D., *Soluto matrim.* Il s'agit d'une femme qui, étant mariée, a été prise par les ennemis. Elle meurt en captivité ; son mariage a donc fini avant sa mort. Par une extension de la loi *Cornelia*, favorable au père, le mariage sera réputé dissous par la mort de sa fille. La dot profectice ne doit pas moins faire retour au père, quoique, dit la loi, elle ne soit plus sous sa puissance.

18. — Il faut remarquer que, dans ces trois cas de retour de la dot profectice du père, les textes parlent toujours d'une fille qui n'est plus en puissance du père.

Lorsque la fille est encore sous la puissance du père, à la dissolution du mariage, il n'a pas besoin d'invoquer la disposition de faveur, qui accorde le retour de la dot profectice. Que la dot ait ou non ce caractère, il pourra en demander la restitution au mari ; car, toutes les actions que peut acquérir la fille non émancipée appartiennent au père de famille.

Seulement ici, par dérogation au droit commun, le père ne pourra, du vivant de sa fille, exercer seul l'action ; il ne pourra agir qu'en s'adjoignant sa fille (*Adjuncta filiæ persona*, Ulpien, *Frag.*, tit. VI, § 6).

Cette dérogation au principe de la puissance paternelle a pour but d'assurer à la fille le moyen de veiller à la conservation de sa dot, afin qu'elle puisse la porter à un nouveau mari. Lorsque ce motif a disparu par la mort de la fille, le droit commun reparaît. Le père pourra, exerçant seul l'action acquise par sa fille non émancipée, redemander la dot, qu'elle ait été donnée par lui ou par une autre personne.

C'est ce qui résulte de la loi 25, D., *Ratam rem hab.* (XXXXVI, 8) au moins pour la dot profectice. Cujas (1) paraît restreindre cette décision à cette dot, mais on ne voit pas pourquoi on ne l'appliquerait pas aux cas où la dot n'a pas ce caractère.

----

(1) Ad Africanum, sub. h. t. (t. I, p. 1103) et in tit. *C. de rei uxor. act.* § 6 (t. IX, p. 467).

19.—Il n'est pas nécessaire que la fille morte dans le mariage soit encore en puissance du père. La loi 5, § 11, D., *De jure dot.*, le dit expressément : « Si un père a » donné une dot pour sa fille émancipée, personne ne » doute que cette dot ne soit profectice, parce que ce » n'est pas la puissance, mais la qualité d'ascendant qui » constitue la dot profectice. »

Jamais cependant la dot donnée par les parents maternels n'est profectice ; elle devrait l'être d'après le raisonnement du jurisconsulte.

Cette faveur était sans doute inutile, parce que l'usage et les mœurs, que plus tard respectèrent les constitutions de Sévère et d'Antonin (**L.** 17, **D.** *De ritu nuptiarum*, XXIII, 2), laissaient la famille maternelle étrangère au devoir de constituer la dot.

Le caractère de profectice est reconnu, selon les termes de la loi, par tout le monde, à la dot constituée pour la fille émancipée.

D'autres textes, L. 5, D., *De divortiis*, L. 10, L. 59, D., *Soluto matrim.*, déjà cités nº 17, et enfin la loi 71, D., *De evict.* (XXI, 2), s'occupent du retour de la dot d'une fille qui n'est plus en puissance de son père ; ils ne distinguent pas si elle a cessé d'y être depuis la constitution de dot, ou avant.

Plusieurs auteurs, cependant, soutiennent que la dot ne fait pas retour au père, quand la fille n'est plus sous sa puissance, à l'époque de la dissolution du mariage par sa mort.

Le fondement de cette doctrine se trouve dans un rescript d'Alexandre Sévère (L. 4, *Cod. Soluto matrim.*, V, 18). « Dos a patre profecta, si in matrimonio decesserit » mulier *filia familias*, ad patrem reverti debet. » Si la femme, dit-on, n'était plus fille de famille, le retour ne pourrait avoir lieu.

Il semble téméraire d'établir un système contredit par tant d'autres textes, sur un argument *a contrario* tiré du mot *filia familias* : ce mot d'ailleurs peut s'expliquer par la position de la femme au sujet de qui le rescript d'Alexandre Sévère est intervenu.

On argumente encore à l'appui de ce système de la loi 10, D., *Sol matrim.*

Cette loi permet au père d'agir après la mort en captivité d'une femme mariée, ayant une dot profectice, comme si elle fût morte avant la dissolution du mariage; il pourra ainsi, quoique sa fille ne fût plus en puissance, redemander la dot *etiamsi in potestate non fuerit.*

C'était là, dit-on, la raison de douter pour laquelle la loi est intervenue; mais il y en avait une autre, c'est que la femme n'était pas morte durant le mariage, comme il le fallait pour que le retour eût lieu (Ulpien, § 6, *Frag.*).

SECTION IV.

Effets du droit de retour.

20. — § 1er. *Ce qu'il comprend.* Lorsqu'on trouve réunies les trois conditions qui viennent d'être examinées, c'est-à-dire, lorsque 1° l'ascendant paternel est vivant, 2° la dot est profectice, 3° la femme est morte dans le mariage, émancipée ou non, le droit de retour légal est ouvert en faveur de l'ascendant paternel.

Il a droit de demander au gendre ce que comprenait la constitution de dot.

La nue propriété d'un fonds a été constituée en dot,

l'usufruit s'y réunit pendant le mariage ; la loi 4, D., *De jure dot.*, décide qu'il y a accroissement de la dot, et non nouvelle dot. En conséquence, le mari devra rendre à son beau-père, lorsque le droit de retour sera ouvert, la pleine propriété. Le mari ne pourra pas plus retenir cet usufruit, qu'il ne pourrait retenir l'alluvion, qui serait venue agrandir le fonds dont se compose la dot profectice. Il en serait autrement si au lieu d'un accroissement de dot, on voyait dans l'usufruit une nouvelle dot.

21. — La dot profectice ne retourne pas toujours intégralement au père, elle peut être diminuée par des rétentions.

Le mari a le droit de retenir autant de cinquièmes qu'il y a d'enfants, et cela, dit Ulpien, *in infinitum* (§ 4, tit. VI, *Frag.*).

Que faut-il entendre par ces mots?

Cujas et Pothier remarquent, que lorsque le nombre des enfants sera plus élevé que cinq, le mari ne pourra continuer de retenir un cinquième par enfant à l'infini. Pour éviter ce résultat, ils nous ont donné chacun une interprétation différente.

Le premier (1) dit, que le cinquième par enfant doit être calculé, comme le quart qui doit être laissé à chaque enfant pour exclure la plainte d'inofficiosité. Il faudrait donc laisser au mari le cinquième de ce que chacun des enfants aurait dans la dot, si elle était partagée entre eux.

Le mari, d'après Cujas, aurait droit pour un enfant à un cinquième, pour deux enfants à deux cinquièmes de la moitié, ou deux dixièmes, et ainsi de suite. En changeant les termes de la fraction, Cujas ne remarque pas

---

(1) In titul. *Rei uxor. act.*, L. 9.

qu'il ne change pas cette fraction elle-même ; il veut que la possibilité des rétentions successives ne s'arrête pas au nombre de cinq enfants, et il arrive à laisser une fraction invariable, même au-dessous de ce nombre, ce qu'on ne peut admettre.

Quant à Pothier (1), il arrive au but qu'il se propose, à la possibilité de rétentions successives au delà de cinq et à l'infini.

D'après lui le mari a le droit de retenir pour le premier enfant un cinquième de la dot, pour le second un autre cinquième, non plus de la dot, mais de ce qui en reste après la première rétention, c'est-à-dire des quatre cinquièmes, et ainsi de suite.

Ce système compliqué ne paraît pas avoir été dans l'esprit des jurisconsultes romains. Les mots *in infinitum*, pour lesquels il a été créé, peuvent très-bien s'entendre d'une rétention illimitée, c'est-à-dire jusqu'à épuisement de la dot, par opposition a une autre rétention *propter liberos*, d'un sixième par enfant. Cette rétention avait lieu pour toute espèce de dot, mais ne pouvait s'élever à plus de trois sixièmes (2).

Paul, *Vatic. fragm.*, § 108, donne la même règle pour la rétention d'un cinquième par enfant en faveur du mari, mais Justinien l'ayant supprimée, elle n'est plus mentionnée dans les Pandectes.

Avant de revenir au père, la dote profectice pouvait encore être diminuée autrement, ainsi par la rétention *propter impensas*. Cette rétention n'est pas, comme celle que nous venons d'examiner, particulière à la dot pro-

---

(1) Pandect. tit., *Sol. matrim.*, n° 1.
(2) *Voy*. M. Pellat, Textes sur la dot., p. 7.

fectice. Comme elle a lieu dans tous les cas où le mari restitue la dot, nous n'entrons pas dans les détails.

22. — II. *Comment s'exerce le droit de retour légal.* — L'ouverture du droit de retour donnait à l'ascendant une action personnelle contre le mari, tenu de l'obligation de restituer. L'ascendant, que les biens donnés fussent ou non dans le patrimoine du mari, avait contre lui une action personnelle (1).

Justinien, loi 30, *Cod. de jure dot.* (V, 12), sans enlever à la femme l'ancienne action personnelle contre son mari, qui était commune au père, lui accorda une action en revendication utile pour sa dot. Il lui donna de plus une hypothèque dans le cas où elle ne voudrait pas revendiquer.

Justinien devait entendre que ces actions appartiendraient à l'ascendant, lorsque la dot était profectice.

---

23. — Nous avons vu, d'après les textes qui restent sur cette matière, qu'elles étaient dans le droit des Pandectes, les principales règles du retour légal.

La faveur avec laquelle il était vu fit successivement étendre les étroites limites qui le bornaient, et modifier les principes rigoureux qui le régissaient.

Une Constitution de Théodose et de Valentinien, loi 2, *Cod. de bonis quæ lib.* (VI, 61) montre le droit de retour

---

(1) Si le mari, sans le consentement de sa femme, avait aliéné contrairement aux prescriptions de la loi Julia, la femme avait une action en revendication. Les lois 17, *De fundo dotali*, 42, *De usucapionibus*, en donnent la preuve; le père devait avoir les mêmes droits que la fille.

légal, non plus restreint à la dot, mais étendu aux donations *ante nuptias.*

La Novelle 25 de Léon, rappelle, en les consacrant,
des lois antérieures, qui apportaient d'importantes inno-
vations à cette matière.

D'après leurs dispositions, le retour légal n'a plus lieu
seulement pour la dot et les donations *ante nuptias*, mais
pour *toutes* les donations.

24. — A côté de cette extension, se trouve une restriction, qui est restée dans notre législation ; il ne peut
y avoir retour que si l'enfant donataire est mort sans
postérité.

On a cru que cette restriction existait déjà dans le
droit des Pandectes, d'après la loi 18, § 1; *ut legatorum
seu fidejuss.* (XXVI, 3). Cette loi prévoit le cas où un
enfant existant après la dissolution du mariage, par la
mort de la femme, le mari conserve la dot, quoique le
père survive.

Cette doctrine ne présenterait quelque fondement,
que si la dot dont on parle était profectice, ce que rien
dans le texte ne donne lieu de supposer.

25. — L'ascendant paternel est toujours le seul qui,
d'après la Novelle de Léon, ait droit au retour légal.
Toutes les autres personnes en sont formellement ex-
clues. La même doctrine se trouvait déjà dans une Constitution de Justinien, lo. 1, § 13, *Cod. rei uxoriæ*
(V, 13).

Cependant Larouvière (Traité du droit de retour, liv. 1,
ch. IV) prétend que la loi 12, *Cod. communia utriusque*,
étendait ce droit à la mère. Cette loi parle bien d'un droit
de retour appartenant à la mère, mais paraît devoir s'entendre d'un retour conventionnel.

CHAPITRE DEUXIÈME,

RETOUR LÉGAL DANS LES PAYS DE DROIT ÉCRIT.

26. — Les pays de droit écrit reçurent le retour légal tel qu'il existe dans le dernier état du droit romain, c'est-à-dire avec l'extension et les restrictions consacrées par la novelle de Léon.

Le nom de droit de réversion lui est souvent donné.

SECTION PREMIÈRE.

Quelles personnes ont droit au retour.

27. — La règle ancienne, jusqu'alors scrupuleusement observée, qui n'admettait le droit de retour qu'en faveur de l'ascendant paternel, fut celle qui reçut les dérogations les plus graves.

Selon la rigueur plus ou moins sévère avec laquelle les parlements de droit écrit observaient les principes du droit romain, le retour légal resta limité aux personnes auxquelles cette faveur était accordée, ou fut étendu à un plus grand nombre.

De là naquit la plus grande diversité dans la jurisprudence de ces parlements.

Tandis que le parlement de Grenoble, se fait gloire, selon Bretonnier (1), de s'attacher religieusement sur cette matière à la disposition du droit romain, et n'admet le retour légal qu'en faveur de l'ascendant paternel, dans les parlements de Toulouse, d'Aix, de Bordeaux, de

---

(1) Sur Henrys, liv. 8, chap. 5, q. 30.

Dijon, l'usage l'accorde, mais à titre de grâce et comme un privilége contraire au droit commun, à l'aïeule paternelle, à la mère et aux autres ascendants maternels (1).

Le parlement de Toulouse va même plus loin. Une jurisprudence constante étend, dans son ressort, cette faveur aux frères, sœurs, oncles et tantes donateurs (2).

28. — On n'était pas d'accord pour accorder au père naturel le retour de la dot donnée par lui.

Le père naturel, disait-on (3), n'a pas la puissance paternelle, cause première de l'établissement du retour; il n'est uni à sa fille que par un lien que la loi ne consacre pas, aussi n'y a-t-il pas pour lui obligation de doter sa fille, et cette dot ne peut être considérée comme avancement d'hoirie. Le père naturel doit donc être traité comme un étranger.

La puissance paternelle, répondaient les partisans du retour, n'est pas le motif qui le fait accorder, il est fondé seulement sur la qualité de père (L. 5, § 11, *De jure dot.*, D.). L'obligation de doter n'en peut être non plus la cause, puisque cette obligation ne fut consacrée par les lois romaines qu'après l'établissement du retour de la dot profectice. Les raisons qui ont fait établir le retour existent aussi bien pour le père naturel que pour le père légitime. On doit lui épargner les mêmes inquié-

_____

(1) Catellan, liv. 5, chap. 8; Larocheflavin, liv. 3, tit. 9, art. 1 et 2; Automne, sur l'art. 64 de la cout. de Bordeaux; Duperrier, t. II, p. 474; Boniface, t. I, p. 447.

(2) Catellan, loc. cit; Cambolas, liv. I, chap. 5; Vedel, *ibid.* d'Olive, liv. 4, chap. 7; Ferrière sur Duranty, quest. I; Graverol, sur Larocheflavin, liv. 3, tit. 9, art. 1.

(3) Maynard, liv. 9, chap. 16; Cambolas, liv. I, chap. 5; Ferrière, *loc. cit.*; Despeisses, t. 1, p. 391.

tudes, pour ne pas arrêter sa libéralité ; il mérite les mêmes consolations (1).

Un arrêt du parlement de Grenoble décide la question en ce sens (2).

29. — Une donation a été faite par un aïeul à son petit-fils, celui-ci est ensuite mort sans postérité, est-ce au profit du père ou de l'aïeul donateur que la réversion doit avoir lieu ?

Il semble que dans les pays de droit écrit, pays régis par les lois romaines, aucun doute n'aurait dû s'élever.

Dans ce droit, le retour légal ne reposait sur aucune idée de succession, seul fondement possible du système favorable au père.

C'était cependant sur une loi romaine (L. 6, *De collatione*) déjà citée, que certains auteurs se fondaient pour accorder la préférence au père sur l'aïeul donateur (3).

Cette loi parle bien de retour au père d'une dot constituée par l'aïeul, mais dans l'hypothèse prévue il n'est nullement question de concours entre eux ; l'aïeul est mort et il n'a donné la dot qu'en considération de son fils. Sans cette dernière circonstance, la dot profectice, même après la mort de l'aïeul donateur, ne retournerait pas au père (L. 79, D., *De jure dot.*).

SECTION II.

Quelles choses sont assujetties au droit de retour.

30. — La jurisprudence des pays de droit écrit ne semble pas s'être écartée des règles exposées ci-dessus.

---

(1) Bretonnier sur Henrys, liv. 6, chap. 5, q. 30.
(2) Du 14 août 1664. Basset, t. I. liv. 4, chap. 2.
(3) Chabot, sur les succ., art. 747, n° 5.

Le droit de retour légal pouvait s'exercer pour toutes les donations. Aucune distinction entre les donations pour dot et les autres n'existait plus, depuis les lois citées par Léon.

SECTION III.

Dans quel cas le droit de retour est ouvert.

31. — La faveur obtenue par le droit de réversion était si grande, que la restriction consacrée par la Novelle de Léon en faveur des enfants survivants, ne fut définitivement admise, dans les pays de droit écrit, qu'après une longue opposition.

Un édit, du 14 décembre 1456, trancha cette question, dans la Provence, en faveur des enfants, contre leur aïeul donateur.

32. — Une des questions les plus controversées sur cette matière était celle de savoir si le décès des enfants, après leur père ou leur mère, devait faire revivre le droit de l'ascendant.

Pour la dot, l'édit de 1456 décidait contre l'ascendant, qui l'avait donnée : il permettait aux enfants héritiers de leur mère « d'en disposer librement, et de le » transmettre *ab intestat* à leurs héritiers. »

Comme l'édit ne prononçait que contre le père donateur, on se demanda si l'on devait étendre la même décision à la mère.

L'édit de 1456, selon les adversaires de cette opinion, ne suivait pas les principes du droit commun, par conséquent il devait être strictement renfermé dans les termes de sa disposition.

Le droit commun est bien difficile à connaître dans

les pays qui ne puisaient leurs règles que dans le droit romain.

Pour toute autre donation que la dot, le parlement d'Aix ne faisait pas difficulté de décider en faveur de l'ascendant donateur, en cas de prédécès des enfants. C'est le seul parlement dont les principes sur cette question fussent différents pour la dot et pour les autres donations.

On trouve une jurisprudence uniforme en faveur de l'aïeul dans le parlement de Toulouse (1); la même uniformité contre lui dans le parlement de Dijon (2).

A Bordeaux (3) la jurisprudence varie. Le parlement de Grenoble et celui de Paris (4) paraissent se décider en faveur de l'aïeul; celui de Besançon contre lui. Cependant il existe des arrêts contradictoires de chacun de ces parlements.

A Marseille (5), un règlement spécial prévint toutes les difficultés; en cas de mort des enfants, dont l'existence avait arrêté l'exercice de son droit de retour, l'ascendant donateur reprenait moitié à titre de retour, le père avait l'autre moitié à titre de succession.

33. — Lorsqu'il s'agit d'une dot, l'existence d'enfants nés d'un mariage autre que celui pour lequel la dot a été constituée fait-elle obstacle au retour? Un arrêt du

---

(1) Mainard, liv. 2, chap. 99 et liv. 9, chap. 16; Cambolas, liv. 1, chap. 5; Larocheflavin, liv. 6, tit. 41, art. 15; Catellan, liv. 5, chap. 8.

(2) Taisand, sur la coutume de Bourgogne, tit. 7, art. 12.

(3) Arrêts rapportés par Lapeyrère, lettre A, n° 116; lettre S, n° 210.

(4) Bretonnier sur Henrys, liv. 6, quest. 8, 12; Bardet, liv. 1, chap. 118.

(5) Merlin, Répertoire, v° Réversion, sect. 1, § 1, art. 2, n° 2.

parlement de Toulouse, de 1632, décide la néga-
tive (1). Mais un autre arrêt, du même parlement, refuse le retour dans le même cas (2). Plusieurs auteurs se
prononcent en ce sens (3).

34. — Si par suite de la confiscation prononcée contre le donataire, ses enfants ne lui succèdent pas, ils ne
font pas obstacle à l'exercice du droit de retour (4).

La présence des enfants empêche le retour, seulement
parce que l'on présume que la disposition de l'ascendant
est aussi bien en leur faveur qu'en faveur de leur père ;
cette présomption ne peut exister lorsque le fisc les
remplace dans la succession du donataire.

SECTION IV.

Effets du droit de retour.

35. — Le droit de retour résolvait-il, dans les pays
de droit écrit, toute aliénation ou disposition au préjudice de l'ascendant donateur?

Pour le retour conventionnel, il n'y avait pas de doute,
le retour résultant d'une convention expresse pouvait
être opposé à tout possesseur.

Il aurait dû en être de même sans exception pour le retour légal, puisque, selon l'urgole (quest. 42 sur l'ordon.
de 1731), « il n'est fondé que sur une stipulation ta-
» cite, inhérente à la donation ,.... et les biens donnés re-

---

(1) D'Olive, liv. 3, chap. 27.
(2) Catellan, liv. 5, chap. 8.
(3) Cambolas, liv. 6, chap. 44; Lebrun, liv. 1, chap. 5,
sect. 2, somm. 26.
(4) Lapeyrère, v° Retour, n° 4; Mainard, liv. 2, chap. 91;
Arrêt de cassation du 13 messidor an XIII.

» viennent de plein droit *reluti quodam jure post-liminii.* »

Cependant, la jurisprudence des pays de droit écrit n'était pas unanime dans cette doctrine.

Dans les pays de droit écrit du ressort du parlement de Paris, les aliénations à titre onéreux, et les dispositions à titre gratuit par donation ou testament mettaient obstacle au retour légal (1).

Le parlement de Provence n'avait pas été aussi loin. Les aliénations à titre onéreux étaient les seules qui, dans son ressort, empêchaient le retour (2).

Celui de Toulouse, qui avait dépassé tous les autres dans l'extension du nombre des personnes ayant droit au retour, l'accordait, nonobstant toutes les dispositions testamentaires, et résolvait toutes les aliénations (3). Les parlements de Grenoble et de Bordeaux jugeaient de même; le président de Lamoignon voulait rendre cette doctrine universelle (art. 61, titre des donations et de ses arrêtés).

Ses vœux ne se réalisèrent pas; dans les pays où l'opinion contraire prévalut, s'éleva une autre question.

36. — Le donateur, au préjudice de qui l'aliénation à titre onéreux, ou la disposition à titre gratuit avait eu lieu, ne devait-il pas avoir un droit d'indemnité sur les autres biens du donataire?

« Cette opinion, dit Brétonnier (4), paraît très-juri-
» dique pour les pays de droit écrit. »

---

(1) Henrys, liv. 6, chap. 5, quest. 13.

(2) Boniface, t. I, liv. 7, tit. 8, chap. 4; Mourgues, sur les statuts de Provence, p. 273; Larouvière, Traité du droit de retour, t. I, p. 39, t. II, p. 57.

(3) Furgole, quest. 42 sur l'ord. de 1731.

(4) Sur Henrys, liv. 6, chap. 5, q. 13.

37. — L'ascendant, au profit duquel le retour devait avoir lieu, pouvait consentir à l'aliénation, ou disposition contraire à son droit : il y avait là une renonciation tacite au droit de retour (1).

38. — Des arrêts de 1759, rendus pour les pays de droit écrit, condamnent les donateurs, profitant du droit de retour, au payement des dettes du donataire (2).

39. — Pour l'hypothèque établie sur les biens soumis au droit de retour, les divers parlements suivaient la même doctrine que pour l'aliénation ; ceux qui donnaient au donataire le pouvoir d'aliéner, considéraient comme valables les hypothèques créées par lui : les biens ne retournaient alors à l'ascendant qu'avec la charge des hypothèques.

Devant les parlements dans le ressort desquels les biens revenaient au donateur, nonobstant toute aliénation, le droit de retour légal éteignait, de plein droit, toutes les hypothèques du donataire. Les biens revenaient à l'ascendant, francs et quittes de toutes charges.

Le parlement de Toulouse admettait comme privilége personnel à la femme, et ne passant pas à ses héritiers, une exception à cette règle : il accordait à la femme, sur le bien donné par le contrat de mariage, et soumis au retour, une hypothèque subsidiaire, en faveur de la dot et des conventions matrimoniales (3).

---

(1) Dupérier, Larouvière déjà cités.

(2) Chabrol, Commentaires sur la coutume d'Auvergne, art. 2, chap. 12.

(3) Cambolas, liv. 1, chap. 5, arrêt de 1623. Cette doctrine du parlement de Toulouse se retrouve dans notre droit, dans une matière analogue, le retour conventionnel.

Art. 952 : « L'effet du droit de retour sera de résoudre toutes » les aliénations de biens donnés, et de faire revenir ces biens

40. — Les fruits ou les intérêts des choses soumises au retour n'étaient alloués que depuis l'instance (1).

41. — Le parlement de Pau avait, sur le droit de retour légal, une doctrine qui s'écartait de toutes les autres, et qui lui est restée particulière.

La dot était soumise à un retour perpétuel, au profit des descendants du donateur; on ne pouvait ni la donner, ni la vendre, ni l'hypothéquer; lorsque la postérité de la fille venait à s'éteindre, la dot retournait franche et quitte de toutes charges, à la ligne des descendants qui l'avaient constituée. Les filles ou leurs descendants n'avaient donc en réalité que l'usufruit de la dot, la propriété réelle était attribuée à la ligne des descendants non du donataire, mais de l'ascendant donateur, par suite de l'espèce de fidéicommis dont elle était frappée (2).

On voit dominer dans cette doctrine, l'idée étrangère au droit de retour dans la législation romaine, de conservation des biens dans la famille.

42. — *Résumé.* — Ainsi, *en général*, dans les pays de droit écrit, tous les ascendants, mais les ascendants seuls, avaient droit au retour. Il avait lieu pour toutes les donations. Il fallait que le donataire n'eût pas laissé d'enfants. S'il en avait laissé, on était très-partagé sur la question de savoir si leur prédécès faisait revivre le droit de retour.

» au donateur, francs et quittes de toutes charges et hypo-
» thèques, sauf néanmoins l'hypothèque de la dot et des con-
» ventions matrimoniales, si les autres biens de l'époux dona-
» taire ne suffisent pas, et dans le cas où la donation lui aura
» été faite par le même contrat de mariage, duquel résultent
» ces droits et hypothèques. »

(1) Catelian, liv. 5, chap. 8.

(2) Merlin, Répertoire, v° Substitution fidéicommissaire, sect. 8, n° 10.

Enfin, dans la plupart des parlements, le droit de réversion résolvait toute aliénation ou hypothèque.

CHAPITRE TROISIÈME.

DROIT DE RETOUR LÉGAL DANS LES PAYS COUTUMIERS.

42. — Le retour légal existait-il dans toutes les coutumes ? Quelles sont celles qui l'ont admis, et celles qui l'ont rejeté ?

Sous saint Louis, l'existence du retour légal est établie par un arrêt rapporté dans la conférence des coutumes, page 711. « Par arrêt donné à la Pentecôte 1268, a » été jugé que, quand les enfants décèdent sans hoirs » proc^r s de mariage, le don retourne aux donneurs, » et non aux prochains héritiers des donataires. »

Cette jurisprudence paraît avoir cessé depuis, et le retour légal être tombé en oubli, du moins on trouve un arrêt contraire dans Chopin (1).

Ni les coutumes notoires et jugées au Châtelet de Paris, ouvrage du xive siècle, ni la première rédaction de la coutume de Paris en 1510, n'en font mention.

Cependant, d'après Dumoulin, sur l'ancienne coutume, le père donateur était préférable aux collatéraux pour les biens par lui donnés.

Ce célèbre jurisconsulte disait déjà, sur l'art. 74 de l'ancienne coutume d'Artois, 78 de celle de Valois, 9 du titre des successions de celle de Montargis, en parlant du droit de retour : « Hoc justum et generaliter obser- » vandum, et quamvis in quibusdam consuetudinibus,

_____

(1) De moribus Parisiorum, t. III, n° 28.

» contrarium reperiatur, hoc errore irrepsit et corrigen-
» dum est, prout vetus consuetudo Meldunensis, art. 101.
» Tacite correcta fuit per novum articulum 268. »

L'opinion de Dumoulin fut consacrée par l'art. 313
de la coutume réformée de Paris. « Cet article, dit le
» procès-verbal de rédaction de la coutume, a été ajouté
» pour faire cesser le doute pour l'avenir et sans préju-
» dice du passé. »

L'art. 312 décide que : « les propres ne remontent
» point et n'y succèdent les père et mère, aïeul ou
» aïeule. » L'art. 313 ajoute : « Toutefois, *succèdent ès*-
» choses par eux données à leurs enfants et descendants
» d'eux. »

43. — Le retour légal, établi par la coutume de
Paris, le fut également dans les suivantes :

Auxerre, 244. — Bayonne, tit. 9, art. 2. — Berri,
art. 5. — Bourbonnais, art. 314. — Duché de Bourgogne, ch. 7, art. 14. — Comté de Bourgogne, t. 3,
art. 44. — Calais, art. 184. — Cambrésis, art. 19. —
Châlons, art. 87, 88.

Laon, art. 108 et 109.

Montargis, ch. 15, art. 9. — Melun, art. 260. —
Marche, art. 224. — Nivernais, ch. 27, art. 10. —
Noyon, art. 22.

Orléans, art. 315. — Grand-Perche, art. 156. —
Péronne, art. 200. — Poitou, art. 285. — Reims,
art. 27, 29.

Saintonge, art. 97. — Sens, art. 113. — Saint-Quentin, art. 42. — Tours, art. 311. — Valenciennes, art.
108. — Vermandois, art. 10. — Vitry, art. 81.

Le concours d'un aussi grand nombre de coutumes
en faveur du droit de retour, montre qu'il est dans l'esprit général des pays coutumiers, et qu'il doit être étendu

aux coutumes qui n'en parlent pas. C'est ce que décidèrent un arrêt du 29 avril 1606, rapporté par Leprêtre dans ses arrêtés de la cinquième, et deux autres du 12 août 1797 et 12 mai 1634, pour la coutume d'Angoumois (1).

44. — Lebrun remarque qu'il y a quelques coutumes contraires dans lesquelles le retour ne peut avoir lieu.

Ainsi, d'après la coutume d'Anjou, art. 270, celle du Maine, art. 288, les immeubles donnés, provenant du père ou de la mère, ne reviennent au donateur en cas de prédécès du donataire sans postérité, que pour l'usufruit. Le retour n'a pas lieu pour la nue propriété, qui passe aux collatéraux.

Les chartes générales du Hainaut contiennent des dispositions semblables (2).

Dans la coutume de Normandie, il n'est pas question du retour ; d'après les principes admis par le parlement de Paris, on devrait conclure qu'il existe selon le droit commun des pays coutumiers.

Ce qu'il y a de certain, c'est que l'ascendant ne peut exercer ce droit tant qu'il reste des frères ou des sœurs, des neveux ou nièces de l'enfant prédécédé. Cela résulte de l'art. 241 de cette coutume : « Père ou mère, aïeul » aïeule, ou tout autre ascendant, tant qu'il y a aucun, » descendu de lui vivant, ne peut succéder à l'un de ses » enfants. »

Basnage rapporte un arrêt en ce sens du parlement de Rouen, du 14 août 1687, et sur l'art. 241 de la coutume, cet auteur dit : « L'article de la coutume de Nor- » mandie est formel, il exclut absolument le père, on

____

(1) Additionnaire de Vigier, sur l'art. 94 de sa coutume.
(2) Répertoire de Merlin, v° Don absolu.

» pourrait dire qu'il l'exclut pour tous les autres biens,
» à l'exception de ceux donnés par le père, mais on in-
» terprète si rigoureusement la coutume, qu'il vaut mieux
» stipuler expressément le droit de retour... En vertu de
» cette stipulation, il a été jugé à Paris que le bien re-
» tourne au père avec exemption de toutes dettes ; quand
» le père succède en vertu de la coutume, les biens sont
» sujets aux dettes contractées par le donataire. »

45. — Le droit de retour légal était donc dans le *droit commun* des pays coutumiers.

Il faut voir quels sont ceux auxquels il est accordé.

Quelles choses sont sujettes à ce droit.

Dans quels cas il a lieu.

Quels sont ses effets.

SECTION PREMIÈRE.

Qui a droit au retour.

46. — Les coutumes sont divisées sur ce point. La plupart formant le droit commun pour toutes celles qui ne s'expliquent pas, n'accordent le retour qu'aux ascendants ; il y en a d'autres qui l'étendent aux collatéraux, et même aux étrangers.

47. — Le retour ayant été introduit dans les coutumes comme une exception à la règle ordinaire des successions, on se demanda si, pour exercer le droit de retour, il fallait être le plus habile à succéder ? Si le père, par exemple, excluait l'aïeul donateur dans la succession du petit-fils prédécédé ? (Voy. n° 29.)

Cette question est l'une des plus incertaines ; nous avons rencontré plusieurs fois des solutions différentes dans le même auteur.

Pour soutenir que l'ascendant le plus proche avait

seul droit au retour, en disant : L'article 313, fondement du droit de retour, n'a pour but que de faire exception en faveur de l'ascendant donateur à l'art. 812, d'après lequel *en ligne directe propre héritage ne remonte.* L'art. 313 permet de faire remonter le propre en faveur de l'ascendant qui l'a donné, mais bien entendu à condition que cet ascendant soit héritier.

Ainsi Ausanet dit (1) que, d'après l'art. 313, les père et mère ne succèdent que suivant l'ordre des successions, non par droit de réversion.

Denisart soutient la même opinion en ces termes : « Le » droit de retour est parmi nous une manière de succé- » der; par conséquent, il dépend nécessairement de la » qualité d'héritier. Ainsi, un immeuble donné par un » aïeul à son petit-fils ne doit pas retourner à l'aïeul au » préjudice du père, qui est héritier de son fils. »

Il cite Duplessis et Lebrun comme partageant son opinion.

Il est vrai que Duplessis (2) préfère le père à l'aïeul donateur parce que, selon lui, « le droit de retour n'est » pas un privilége personnel, et l'ordre des successions » doit y être gardé. »

Mais quelques pages plus haut, ce même auteur (1re observation) s'exprime ainsi : « Le retour ne suit » pas la nature de la succession mobilière. Lorsqu'une » donation a été faite par un aïeul, il succède, quand » même il ne serait pas héritier mobilier, parce que le » père et la mère sont encore vivants. »

Lebrun (3) préfère, quand le petit-fils meurt sans en-

---

(1) Sur l'art. 311.
(2) Traité des success., liv. 3, chap. 2, 7e obs. — 1re obs.
(3) Liv. 1, chap. 5, sect. 2, n° 4.

fants, l'aïeul donateur au père pour les choses données.

« Ainsi, dit-il, on ne peut s'empêcher de résoudre que
» ce droit est mixte parmi nous, et qu'il participe du
» droit de réversion et du droit de succession. »

Plusieurs auteurs décident de même (1). Ferrière (2)
partage cet avis et le justifie en disant : « Le droit de
» retour participe du droit de succession ; on n'en peut
» jouir que *titulo successionis*. Quand le père est dona-
» teur, il est héritier des meubles et acquêts, et des cho-
» ses par lui données à l'enfant donataire ; *ce sont deux*
» *successions qui concourent en une même personne,*
» comme quand l'héritier des meubles et des acquêts est
» aussi héritier des propres paternels et maternels ; mais
» si l'aïeul est donateur, le père héritier mobilier de son
» fils, l'aïeul est héritier de son petit-fils en la chose par
» lui donnée ; ainsi il est héritier *in re singulari....*
» Comme l'héritier des propres n'est pas exclu par l'hé-
» ritier des meubles, qui est le plus proche, ainsi l'aïeul
» est héritier des choses par lui données, quoiqu'il ne
» soit pas le plus proche du donataire. »

Après avoir ainsi établi le droit de l'ascendant, Ferrière conclut ainsi : « Mon avis est que, dans la règle,
» les aïeul et aïeule maternels (dont il s'agissait dans
» l'espèce prévue) doivent succéder ; mais si la question
» se présentait, l'équité pourrait l'emporter sur la ri-
» gueur du droit. » Il permet donc de faire plier le principe qu'il vient de poser, selon les circonstances.

Chabrol (3) reconnaît comme droit établi, dans les

---

(1) Charondas, sur l'art. 313 ; Lalande, sur l'art. 315, cout.
d'Orléans.

(2) Sur l'art. 313, cout. de Paris, n° 3.

(3) Commentaire sur l'art. 2 du chap. 12 de la cout. d'Auvergne.

pays coutumiers, par une jurisprudence interrompue par un seul arrêt, que l'aïeul donateur doit être préféré au père.

Pothier (1) décide de même pour la coutume d'Orléans, d'après les termes de l'art. 248 de l'ancienne coutume, dont l'art. 315 de la nouvelle n'était que la reproduction.

Au milieu d'une telle incertitude, il serait fort difficile de déterminer quel était le droit commun des pays coutumiers sur cette question. Elle n'est plus douteuse aujourd'hui, le code la décide expressément en faveur de l'aïeul donateur.

48. — Dans les pays coutumiers comme dans les pays de droit écrit, on n'était pas d'accord pour accorder le retour au père naturel.

Les mêmes motifs étaient invoqués (2). La coutume de Sédan, art. 116, décidait en faveur du père naturel.

49. — Lorsque l'ascendant qui a droit au retour est en même temps appelé à la succession mobilière, peut-il accepter l'un et refuser l'autre ?

Non, selon Duplessis, « parce que la coutume ne donnait pas cette réversion par privilége, mais par droit de succession, c'est donc une portion de succession. Or, *hereditas pro parte adiri et pro parte repudiari non potest :* en renonçant à l'une, il renonce à l'autre.

La doctrine de Duplessis n'était pas adoptée universellement ; Merlin (3) soutient l'opinion contraire, il se fonde sur ce que le droit de retour ne forme pas une portion de succession, mais une succession séparée ; sur

(1) Note 2, sur l'art. 315 de la cout. d'Orléans.
(2) Traité des succes. p. 78, § 7, n° 28.
(3) Répertoire, v° Réversion, sect. 2, § 2, art. 3, n° 4.

ce qu'il rend celui qui l'exerce héritier *in re singulari*, ce que nous avons vu admis par Ferrière (1) et Duplessis lui-même.

Une personne à qui sont dévolues deux successions de différents genres, quoique provenant de la même personne, peut certainement accepter l'une et répudier l'autre. L'ascendant donateur peut donc renoncer à l'une des successions et accepter l'autre; ainsi jugé par un arrêt du parlement de Bretagne du 28 juillet 1744 (2). « Cet arrêt, dit Poulain Duparc, autorise la décision des » auteurs qui donnent le droit de réversion indépendam- » ment de la qualité d'héritier. »

50. — Les héritiers de l'ascendant donateur ne peuvent, lorsque l'ascendant est décédé avant le donataire, c'est-à-dire avant l'ouverture du droit de réversion, exercer ce droit à sa place, quand le donataire vient ensuite à mourir sans postérité. En effet, en pays coutumier comme en pays de droit écrit, la condition la plus essentielle à l'ouverture du droit de retour, est que le donateur survive au donataire.

C'est d'ailleurs un principe incontestable, que les héritiers du défunt ne peuvent réclamer de son chef une succession qui ne lui était pas échue, et qui ne s'est ouverte que depuis son décès.

Cependant la coutume de Bayonne, tit. 19, art. 3 et 5, donnait une décision différente.

51. — La plupart des coutumes n'accordaient qu'à l'ascendant donateur le droit de retour légal. Les coutumes d'Auxerre et de Valenciennes allaient plus loin.

Selon la coutume d'Auxerre, art. 242, « si l'oncle,

---

(1) Sur l'art. 313 de la cout. de Paris, § 3.
(2) Poulain-Duparc, sur l'art. 594 de cette coutume.

» tante, cousin, cousine ou autre parent collatéral
» donne à ses neveux, cousins ou autres parents aucun
» immeuble, et lesdits donataires décèdent sans hoirs de
» leur corps ou sans avoir disposé desdites choses don-
» nées, lesdits *donateurs ou leurs enfants succéderont* de-
» vant tous, auxdits donataires ainsi décédés, en ce
» qu'ils auront donné, bien que ledit défunt ait laissé pa-
» rents plus prochains. » Le même usage de retour au
collatéral donateur, en cas de prédécès du donataire sans
enfants, existait dans la ville de Montdidier (1).

La coutume de Valenciennes, art. 108 et 109, avait
sur le droit de retour une doctrine toute particulière.
Elle lui donnait une étendue extrême ; ce droit de retour
était accordé au donateur étranger et à ses héritiers,
soit directs soit collatéraux.

Il pouvait avoir lieu, même lorsque le donataire lais-
sait des enfants, si le don n'avait pas été fait « pour en
» jouir (selon les termes de l'art. 109) par le donataire et
» ses hoirs. »

Dans ce cas, si le donataire mourait sans laisser de
descendants et sans avoir disposé de l'objet donné, il
retournait à l'héritier le plus prochain du donateur dans
la ligne dont l'héritage était provenu.

Pour connaître cet héritier on se plaçait à l'époque de
la mort du donateur.

Le donataire pouvait être considéré comme grevé
d'une substitution volontaire, et les biens qui lui avaient
été donnés comme substitués, en cas qu'il le voudrait,
au profit des parents du donateur ; mais ici, à la différence de ce qui a lieu pour la substitution ordinaire,
l'appelé pouvait transmettre l'espérance du droit à ses

(1) Lecaron, sur l'art. 108 de la coutume de Péronne, n° 4.

enfants et même à ses héritiers collatéraux, quoiquè le droit n'eût pas été ouvert avant son décès.

Le retour légal, tel qu'il était consacré par cette coutume, ne s'appliquait pas aux donations testamentaires.

SECTION II.

Quelles choses sont assujetties au retour.

52. — Les immeubles étaient universellement reconnus comme soumis au retour.

Ce droit devait-il y être restreint, et les meubles en être exclus? Cette question paraissait tranchée par les termes de certaines coutumes, qui n'admettaient le retour que pour les *héritages;* il est difficile de comprendre les meubles dans cette expression.

Telles étaient les coutumes de Vitry, Valenciennes, Saint-Quentin, Berry et Nivernais, malgré les termes qu'employait la coutume, Coquille (chap. 27, art. 1) était d'avis d'admettre le retour même pour les meubles, à cause de l'identité de motifs et de la volonté présumée du donateur.

D'autres coutumes, celles du Bourbonnais, de Bourgogne, Franche-Comté et Saintonge, employaient les mots *biens donnés* pour désigner les choses sujettes au retour.

Quoiqu'il soit plus facile de comprendre les meubles dans ces mots que dans ceux employés par les coutumes citées plus haut, il fut décidé, par un arrêt du parlement de Paris de 1616, pour le Bourbonnais, que le retour légal des meubles ne pouvait avoir lieu. On décidait de même pour la Bourgogne.

Les coutumes de Touraine, Poitou, Melun, Laon,

Châlons, Reims et Auxerre, accordaient expressément le retour pour les *immeubles et les propres conventionnels*.

C'était une exclusion tacite pour les simples meubles.

Une coutume, celle de Bayonne, parlait, relativement au retour, *de la somme ou autres biens baillés* (tit. 9, art. 2), sans exiger la stipulation de propres. Le retour avait donc lieu, dans cette coutume, pour toute espèce de meubles.

Enfin on trouve, dans les coutumes de Paris, Orléans, Calais, le retour admis en faveur des ascendants pour *les choses par eux données*, expressions qui ont passé dans le Code.

C'était une grande question, de savoir si ces coutumes consacraient le retour pour les meubles.

Nous allons exposer les deux opinions.

Selon les partisans de l'affirmative, l'art. 313 de la coutume de Paris, « toutefois succèdent ès choses par » eux données à leurs enfants ou descendants d'eux, » faisait exception à la fois aux deux articles précédents 312 et 311.

L'art. 312 excluait les père, mère, aïeul ou aïeule, de la succession des propres de leur descendant.

L'art. 311 n'admettait les droits des aïeul et aïeule à la succession des meubles et conquêts immeubles du petit-fils prédécédé, qu'à défaut des ascendants du premier degré.

L'art. 313 donnerait donc droit : 1° à tout ascendant donateur de succéder aux propres par lui donnés (exception à l'art. 312); 2° à l'aïeul ou aïeule donateur, ou tout autre ascendant plus éloigné, de succéder aux meubles, du vivant d'un ascendant d'un degré plus proche (exception à l'art. 311).

On ajoutait : Les réformateurs de la coutume, en

1580, ne pouvaient ignorer la diversité des autres coutumes. N'était-ce pas trancher la question en faveur du retour des meubles, que de se servir de l'expression si large, *choses par eux données*, au lieu des mots *héritage*, *immeubles* et *propres conventionnels*, employés par les coutumes dans lesquelles le retour des simples meubles n'avait pas lieu.

Un arrêt du 25 janvier 1602 décide en faveur du retour des meubles. Il est vrai que cet arrêt est aussi invoqué par Lebrun et d'autres auteurs (1) dans un sens contraire, mais à tort.

Auzanet cite un arrêt du 4 avril 1634, qui accorde à l'aïeul donateur, plaidant contre le père, le retour de sommes mobilières.

Enfin, les auteurs les plus célèbres soutenaient cette opinion (2).

Le retour des meubles était loin cependant d'être universellement admis.

Les adversaires de cette opinion donnaient les raisons suivantes : l'art. 313 ne saurait jamais être entendu comme une exception à l'art. 311, car il ne pouvait présenter de sens, en le lisant immédiatement après cet article, en passant l'art. 312. — L'art. 313 ne faisait exception qu'à l'article précédent; le rapport et le sens de ces deux articles se répondaient et se confirmaient mutuellement.

(1) Lalande, cout. d'Orléans; Leprêtre, cent. 2, chap. 18; n° 16; Tronçon, sur l'art. 313, cout. de Paris.

(2) Chasseneux, sur la coutume de Bourgogne, rub. 7, § 6; Charondas, sur les articles 311, 312, 313 de la coutume de Paris; Renusson, Traité des propres, ch. 2, sect. 10, 20 Domat, Lois civiles, liv. 2, t. 2, sect. 3, n° 4; Bretonnier, v° Retour.

L'expression générale *choses données* se rapportait uniquement aux choses dont il venait d'être question, c'est-à-dire aux propres. La coutume de Berry, tit. XIX, art. 5, celle d'Auvergne, art. 242, emploient ces expressions en ce sens.

L'argument tiré de l'arrêt 1602 n'était pas invincible; cet arrêt avait été rendu pour une rente réputée mobilière, d'après l'art. 66 de la Coutume de Troyes, mais la plupart des auteurs qui rapportent cet arrêt disent que la rente avait été stipulée propre à la future épouse, par le contrat de mariage : ce que rien ne contredit dans l'arrêt, et qui le motiverait. Les autres arrêts cités en faveur du retour des meubles n'étaient pas plus concluants. D'autres arrêts de 1627, de 1692 (1), décident expressément que, dans la *Coutume de Paris*, *il n'y a aucun droit de réversion, accordé par la coutume, à l'égard des meubles ou des propres fictifs.* Ce sont les termes de l'arrétiste.

L'un des annotateurs de Vigier, sur la Coutume d'Angoumois, art. 94, rapporte que la même jurisprudence existait dans cette province.

Lebrun (2) pense que la réversion n'a pas lieu pour les meubles ni propres fictifs.

Ferrière (3) rapporte cet avis, et ajoute : « C'est » aussi mon sentiment, lorsque les choses ne se retrou- » vent *pas en nature*, lorsqu'elles se retrouvent telles, » comme des obligations ou rentes, que le donataire au- » rait constituées sur lui, ou sur particulier, si elles » n'ont pas été rachetées au temps du décès, le retour

(1) Ferrière, art. 313 de la cout. de Paris, § 2, n° 10.
(2) Sect. 2, n° 4.
(3) Sur l'art. 313, § 2, n° 4.

» peut avoir lieu, parce que les raisons pour lesquelles » nous avons reçu ce droit dans nos coutumes ont lieu, » et que les choses données existent. »

Chopin (1) ne donne le retour que pour les rentes et héritages; Duplessis le refuse pour les meubles même réalisés.

Pothier (2) n'admettait aussi le retour que pour les choses immobilières; l'art. 315 de la Coutume d'Orléans, par sa relation avec l'article précédent marquée par le mot toutefois, montre bien, selon lui, qu'il ne s'agit que d'une succession de propres; la comparaison de l'art. 315 avec l'article correspondant de l'ancienne coutume lui en fournit une nouvelle preuve.

Le droit coutumier est donc loin d'être constant sur cette matière; il paraît cependant refuser le plus souvent le retour pour les meubles.

53. — D'après le droit commun des coutumes, il fallait que le donataire n'eût pas disposé des choses données.

54. — Il pouvait même arriver que la chose donnée se retrouvât libre dans le patrimoine du donataire à sa mort, et que le retour ne pût avoir lieu. Par exemple, si le donataire après avoir aliéné le bien donné l'avait reçu plus tard par suite d'achat, de donation, ou à titre successif. Lebrun et Ferrière décident qu'il suffit que le donataire ait aliéné une fois le bien donné pour exclure le droit de retour. Le bien que le donataire a racheté n'est pas le même, aux yeux de la loi, que celui qu'il a reçu du donateur, parce qu'il ne le possède plus à titre de donation.

---

(1) Titre des success., n° 15.
(2) Note 3 sur l'art. 315 de la cout. d'Orléans.

Il faut, selon Merlin (1), « excepter le cas où le re-
» couvrement d'un bien lui rend sa première nature,
» qu'il avait à l'égard du propriétaire, avant que celui-
» ci l'eût aliéné. Une autre exception non moins sensible
» est pour le cas où le donataire n'a aliéné qu'en fraude
» du droit de retour, c'est-à-dire lorsqu'il a vendu le
» bien dans l'intention de le racheter, ou qu'il en a dis-
» posé avec l'assurance de le retrouver dans la succession
» de celui au profit duquel il s'est dépouillé. »

SECTION III.

Dans quels cas le retour a lieu.

55. — Dans le droit coutumier, comme dans les pays
de droit écrit, une condition essentielle pour l'ouverture
du droit de retour était que le donataire ne laissât pas
d'enfants.

56. — La question de savoir si le décès des enfants du
donataire avant l'aïeul donateur devait faire revivre le
droit de retour ne présentait pas les mêmes difficultés
que dans le droit écrit. Les règles particulières sur les
successions en étaient la raison. Comme le retour n'avait
lieu dans les coutumes, sauf une exception (2), que
pour les propres, soit véritables, soit conventionnels,
l'aïeul père du donataire prédécédé était héritier lignager
du petit-fils. Il n'avait pas besoin du droit de retour
pour exclure le père ou la mère survivant qui n'était pas
de la ligne. Les biens donnés lui arrivaient d'après les
règles ordinaires des successions. — Ainsi jugé, pour la

(1) Répertoire, v° Réversion, sect. 2, art. 4, n° 3.
(2) Bayonne, tit. 9, art. 2.

coutume du Poitou, par un arrêt du 20 juillet 1667, rapporté par Lebrun. Pothier cependant décidait que d'après la coutume d'Orléans le retour devait avoir lieu.

57. — Il ne suffisait pas, pour faire obstacle au droit de retour, que le donataire eût laissé des enfants (V. n° 34). Il fallait, selon Pothier (1), que ces enfants fussent héritiers. Aussi, quand même le donataire aurait laissé quelque enfant exhérédé ou renonçant à la succession, on aurait admis le droit de retour comme s'il n'en eût laissé aucun. L'ancienne coutume d'Orléans exprimait bien cette idée, art. 248 : « Si le donataire » va de vie à trépas, sans héritiers en droite ligne, re- » tourneront les héritages donnés, etc. »

SECTION IV.

Effets du droit de retour.

58. — Les effets du droit de retour sont connus, et la plupart des difficultés qui pourraient se présenter résolues, lorsqu'on a décidé à quel titre il s'exerce.

Dans la section première, en examinant (n° 46) la doctrine des pays coutumiers sur la question, faut-il être le plus habile à succéder pour avoir droit au retour? nous avons vu que la plupart des coutumes n'admettaient le droit de retour qu'à titre de succession. Les conséquences que les auteurs tiraient de ce principe pour la question posée étaient différentes; mais ils reconnaissaient presque tous ce caractère du droit de retour comme droit commun des pays coutumiers.

(1) Sur l'art. 315 de la cout. d'Orléans, note 5.

Cependant Ferrière, après avoir dit lui-même (1) qu'on ne peut jouir du droit de retour que *titulo successionis*, dit plus loin (2) : « Le premier effet du retour exercé, » est que la chose retourne au donateur, en même qua- » lité qu'elle avait en sa personne, et partant, reprend » la qualité d'acquêt, si elle l'était, quoiqu'elle fût deve- » nue propre en celle du donataire. »

Cette doctrine est vraie pour les coutumes de Bayonne et de Valenciennes, où le retour n'est autre chose que la résolution et l'anéantissement de la donation, mais on ne saurait l'appliquer pour les coutumes, où le retour a lieu à titre de succession. Ainsi jugé par un arrêt du 1er septembre 1762, rapporté par Merlin (3).

59. — La coutume de Valenciennes, art. 108 et 109, celle d'Auvergne, art. 242, n'accordent expressément le retour qu'à défaut de dispositions de la part du dona-taire.

On devrait décider de même, dans toutes les cou-tumes où le retour ne s'exerce qu'à titre de succession. Plusieurs arrêts du parlement de Paris, rapportés par Ricard (4), prouvent que c'était le droit commun des pays coutumiers, et que le retour n'éteignait ni les alié-nations ni les dispositions faites par le donataire.

Cependant, d'après la coutume de Bayonne, le dona-taire ne pouvait « disposer de ses *biens avitins* qu'en » cas de nécessité : pour les biens meubles et acquêts du » donnant, le donataire en avait la libre disposition. »

---

(1) Sur l'art. 313 de la cout. de Paris, § 3.
(2) § 4.
(3) Répertoire, v° Propre, § 2.
(4) Partie 3, n° 678.

4

60. — Le donateur, qui exerçait le retour, devait-il contribuer aux dettes du donataire ?

Il faut, sans doute, décider que non, dans la coutume de Valenciennes, muette sur ce point, mais qui donne, comme nous l'avons vu (n° 51), au droit de retour un caractère propre, tout à fait étranger au droit de succession.

La coutume de Bayonne ne soumet aux dettes que le retour des meubles et des acquêts.

Celle de Berry (titre 19, art. 5) ne fait contribuer aux dettes les biens soumis au retour, qu'après épuisement de tous les autres biens.

Dans toutes les autres coutumes, l'ascendant héritier par droit de retour, contribue aux dettes en proportion de ce qu'il prend dans la succession.

Cette solution était controversée en Bretagne ; Poulain Duparc, déjà cité, l'admettait.

D'après Lebrun, l'ascendant, qui avait exercé le retour, pouvait être forcé de contribuer aux dettes au delà de ce qu'il avait reçu.

Selon l'avis de Ferrière, partagé par Merlin, « celui qui » exerce le retour, n'est pas proprement héritier, ou du » moins il ne l'est pas à titre universel ; il n'est que suc- » cesseur *hi re singulari*.... il ne sera donc tenu que jus- » qu'à concurrence de ce dont il amende des biens, » pourvu qu'il ait fait faire inventaire. »

---

61. — *Résumé.* — A très-peu d'exceptions près, le droit de retour légal était admis par toutes les coutumes.

Il n'existait, selon le droit commun, qu'en faveur des ascendants.

En général, il n'était pas nécessaire que le donateur fût l'ascendant le plus habile à succéder.

Le droit commun n'assujettissait pas les meubles au droit de retour.

Le prédécès des enfants du donataire était nécessaire pour l'ouverture du droit.

Le retour, n'ayant lieu dans presque toutes les coutumes qu'à titre de succession, le droit commun était différent de celui des pays de droit écrit. Le retour n'éteignait pas les aliénations et dispositions du bien donné faites par le donataire. — En reprenant, le bien l'ascendant était obligé de contribuer aux dettes du donataire.

CHAPITRE IV.

RETOUR LÉGAL DANS LE DROIT INTERMÉDIAIRE.

62. — La loi du 17 nivôse an II, en refondant dans ses dispositions celles de la loi du 5 brumaire précédent, maintient expressément (art. 74) le droit de retour conventionnel de l'ascendant donateur, mais ne parle pas du retour légal.

On pouvait déjà conclure son abrogation du silence de la loi, mais elle résulte clairement de la loi du 23 ventôse an II.

L'art. 5 de cette loi est ainsi conçu : « Il n'est rien innové par l'art. 74 du décret du 17 nivôse à l'égard des donations antérieures au 5 brumaire, aux effets du retour légal pour les pays, et dans le cas où ce retour avait lieu. » Cette disposition prouve que l'art. 74 du décret du 17 nivôse avait été entendu comme abrogeant le retour légal. Elle a pour objet d'empêcher la rétroactivité de cette abrogation, dont l'existence est ainsi confirmée.

Les auteurs des donations antérieures au 5 brumaire purent exercer le droit de retour légal, dans les successions ouvertes sous l'empire de la loi de nivôse, dans les mêmes cas, et de la même manière, qu'il leur avait été attribué par les lois anciennes, et qu'il se trouvait réglé par la jurisprudence.

DEUXIÈME PARTIE.

DROIT DE RETOUR LÉGAL DE L'ASCENDANT DONATEUR DANS LE CODE CIVIL.

63. — Le code a rétabli, dans l'art. 747, le droit de retour légal, en faveur de l'ascendant donateur.

Cet article est aussi conçu : « Les ascendants succè-
» dent, à l'exclusion de tous les autres, aux choses par
» eux données, à leurs enfants ou descendants décédés
» sans postérité, lorsque ces objets se retrouvent en
» nature dans la succession.

» Si les objets ont été aliénés, les ascendants recueil-
» lent le prix qui peut en être dû. Ils succèdent aussi à
» l'action en reprise que pouvait avoir le donataire. »

Cet article contient tout le système du retour légal de
l'ascendant donateur dans le droit actuel.

La concision de la loi, sur cette matière, qui présente
un grand nombre de cas divers, et qui est en dehors
des règles ordinaires des successions, a été la source de
nombreuses difficultés. L'art. 747 est loin, en effet, de
donner les développements nécessaires, pour résoudre
toutes les questions qui peuvent se présenter.

Parmi les jurisconsultes, les uns, s'appuyant sur les
motifs des législateurs anciens et modernes, pour l'établissement du droit de retour, lui ont donné toute l'extension qu'ils ont jugée équitable, et ont cru pouvoir, en
dehors du texte de la loi, décider toutes les questions,

d'après le droit écrit, les coutumes et l'ancienne jurisprudence ; ils ont complété l'œuvre du législateur d'après
ses intentions présumées.

D'autres, craignant de se laisser entraîner dans cette
voie à mettre leur sagesse à la place de celle du législateur,
se sont tenus plus scrupuleusement attachés au texte de la
loi, et ont préféré supporter les imperfections qui pouvaient s'y trouver, plutôt que de risquer de la modifier
par une interprétation trop large.

64. — *Caractère du droit de retour.* Nous avons vu le
droit de retour exister dans trois législations différentes,
et dans chacune avec un caractère divers. A laquelle de
ces législations le Code civil l'a-t-il emprunté ? A laquelle
doit on surtout recourir, pour trouver la solution des
questions laissées indécises ?

A Rome, il produisait une simple action personnelle
contre le mari, et peut-être, plus tard, mais dans certains
cas seulement, une action contre les tiers. (*Voy.* n° 22.)

Dans les pays de droit écrit, c'était le plus souvent à
titre de résolution de la donation qu'il avait lieu. Les
biens donnés revenaient au donateur francs et quittes de
toutes charges et hypothèques (n° 35).

D'après le droit commun des pays de coutume, il ne
s'exerçait qu'à titre de succession (n° 58).

Le code a surtout suivi les dispositions du droit coutumier, puisque chez nous le droit de retour s'exerce à
titre de succession. La place de l'art. 747, dans le titre
des successions *ab intestat*, en serait une preuve suffisante, si cela ne résultait pas explicitement des textes.
L'art. 747 emploie, en effet, le mot *succèdent*, il repro-
duit les termes mêmes de l'art. 313 de la coutume de Paris,
dans lesquels on s'accordait à voir un retour à titre de
succession.

Ce caractère du droit de retour est presque unanimement reconnu par les auteurs et la jurisprudence (1). Cependant Maleville (sur l'art, 747) le conteste. Selon cet auteur, le droit de retour ne peut être un droit de succession, puisque les ascendants donateurs peuvent reprendre les choses par eux données sans être héritiers, même en renonçant à la succession de leurs enfants.

Cette doctrine a déjà été réfutée dans le droit coutumier (n° 58). Maleville ne remarque pas qu'il y a, comme nous l'avons vu, deux successions distinctes, l'une ordinaire, l'autre particulière, et qu'on peut très-bien renoncer à la première, sans cesser d'être héritier de la seconde.

On se fonde encore pour contester le caractère de succession au droit de retour, et pour n'y voir qu'un simple droit de réversion, s'exerçant comme dans les pays de droit écrit, à titre de résolution, sur ce que ce droit de succession fait exception aux principales règles de cette matière. Ainsi, il fait exception au principe de l'indivisibilité de la succession, il n'est pas offert aux mêmes héritiers que la succession ordinaire, il exige la recherche de l'origine des biens, il faut, dans le cas de ce retour, faire la même recherche pour le calcul et l'imputation de la réserve.

Nous ne nions pas ces différences entre le droit de retour de l'ascendant donateur et les successions ordinaires, mais elles ne nous empêchent pas de reconnaître à ce droit le caractère de succession.

_____

(1) Delvincourt, t. I, p. 260; Chabot, sur l'art. 747, n° 1; Grénier, Des donations, t. I, p. 30 et 598; Toullier, t. IV, p. 230; M. Duranton, art. 747; Poujol, art. 747, n° 1, 2; Marcadé, art. 747-3; Zachariæ, t. IV, p. 221. Arrêt de cass. Sir., t. 29, 2, 176.

La doctrine, qui y voit un droit de résolution, est forcée de le regarder comme un droit exceptionnel, car ce prétendu droit de résolution respecte toute disposition, même à titre gratuit du donataire. C'est là une exception au moins aussi grave aux principes de droit de résolution, que celles que nous avons reconnues aux règles des successions ordinaires.

Nous pensons donc que l'ascendant donateur exerce un droit de succession, et nous appelons, avec la doctrine, cette succession *anomale*, à cause des exceptions qu'elle fait au droit commun.

65. — Le principe, que le retour ne s'exerce qu'à titre de succession, produit de nombreuses conséquences ; nous les examinerons successivement, mais nous devons remarquer dès à présent, que le droit de retour légal étant un droit de succession, l'ascendant donateur ne peut y renoncer du vivant du donataire. Suivant l'art. 1130 du Code civil, on ne peut renoncer à une succession non ouverte, ni faire aucune stipulation sur cette succession, même avec le consentement du *de cujus*.

66. — Il résulte encore de ce caractère du droit de retour, qu'il ne peut être exercé par l'ascendant, que quand il réunit en sa personne les qualités requises pour succéder, il devra être capable et n'être pas indigne (1).

Il ne faut pas conclure de là, comme plusieurs anciens auteurs (n° 46), qu'il faut, pour avoir droit au retour, que l'ascendant soit le plus habile à succéder ; l'expression de l'art. 747 « succèdent à *l'exclusion de tous autres*, » tranche nettement cette question (2).

---

(1) M. Duranton, t. VI, 206.

(2) Delvincourt, II, 40 ; Chabot, art.747, n° 3 ; Toullier, IV, 235.

Nous suivrons, pour l'explication de cette matière, le même ordre que nous avons observé jusqu'ici, nous verrons successivement : qui a droit au retour ; quelles choses y sont assujetties ; dans quels cas il a lieu ; quels sont ses effets.

SECTION PREMIÈRE.

Qui a droit au retour.

67. — L'art. 747 ne donne le droit de retour qu'à l'ascendant donateur. Comme il l'exerce à titre de succession, ce droit est personnel. Le père du donataire, fils du donateur, ne pourrait, en cas de prédécès de ce dernier, réclamer la réversion légale, ni comme héritier de l'aïeul, puisque cet aïeul était mort avant l'ouverture du droit, ni de son chef, puisque lui-même n'est pas donateur.

Si le droit de retour s'était ouvert pour l'ascendant avant sa mort, sans qu'il l'eût exercé lui-même, comme il lui aurait été acquis du moment de l'ouverture, ses héritiers et ses représentants pourraient l'exercer de son chef.

68. Nous retrouvons, dans le droit actuel, la question déjà controversée dans les pays de droit écrit et les pays coutumiers (n°s 28, 48) : « Le père d'un enfant naturel a-t-il droit au retour ? »

Cette question présente surtout de l'intérêt, quand l'enfant naturel a été reconnu par sa mère ; sans cela, le père naturel, étant seul héritier de l'enfant prédécédé sans postérité, retrouve les objets donnés dans la succession ordinaire.

Le retour légal n'a été accordé à l'ascendant que

par l'article 747, qui se trouve dans le titre de la loi relatif aux successions légitimes. La même disposition n'a pas été reproduite dans le chapitre des successions irrégulières. Faut-il en conclure que le père de l'enfant naturel n'a pas droit au retour légal ?

L'absence d'une disposition semblable, dans le chapitre qui traite de la succession des enfants naturels, s'explique par le laconisme de la loi sur cette matière. Les rédacteurs du Code n'ont pas voulu énoncer dans ce chapitre toutes les règles qui concernent cette succession, ils se sont surtout occupés des dérogations au droit commun ; c'est ainsi que la jurisprudence a été amenée à décider que les enfants naturels avaient droit à la réserve, quoiqu'il n'en soit pas question dans le chapitre qui les concerne.

Du reste, toute incertitude disparaît devant l'art. 766, qui accorde, en cas de prédécès du père ou de la mère d'un enfant naturel à leurs enfants légitimes, un droit de retour légal sur les biens donnés à l'enfant naturel leur frère, par leur auteur commun. Il serait contradictoire que ces enfants légitimes eussent, après la mort de leur père, un droit qu'il n'aurait pu exercer lui-même, s'il eût survécu à l'enfant naturel.

On peut dire, de plus, que les motifs qui ont fait établir le droit de retour en faveur du père légitime, existent aussi bien pour le père naturel.

Malgré ce motif, l'ancienne jurisprudence n'était pas d'accord pour lui accorder le retour ; mais la principale raison de douter a disparu de notre droit. « Admettre « le droit de retour, disait Lebrun (1), qui le refusait au

---

(1) Traité des success., liv. I, chap. 5, sect. 2.

père naturel « serait consacrer un lien que la loi ne re-
» connaît pas. » Aujourd'hui la loi consacre les liens qui
existent entre l'enfant naturel reçonnu et ses auteurs.

On doit donc décider que le père et la mère de l'enfant naturel jouissent du droit de retour.

69. — Mais, si la donation a été faite par l'aïeul au
fils naturel de son fils, le retour légal n'aura pas lieu en
faveur du donateur.

La loi n'admet aucun lien de parenté entre l'aïeul et
le petit-fils naturel, il n'y a entre eux aucun rapport de
successibilité. Le caractère de succession, étant inhérent
au droit de retour dans notre législation, ne peut appartenir qu'à ceux qui peuvent être héritiers du donataire;
il n'est d'ailleurs accordé qu'aux ascendants; l'aïeul de
l'enfant naturel n'est pas tel aux yeux de la loi.

70.   Le père adoptif a droit au retour. Les articles 351 et 352 le lui accordent expressément. Ils
donnent à ce droit une étendue bien plus grande que ne
le fait l'article 747. Les enfants du père adoptif peuvent
l'exercer dans la succession de l'adopté.

SECTION II.

Quels objets sont soumis au droit de retour légal.

71. — Le droit de retour de l'art, 747 ne s'applique
qu'aux donations entre-vifs de biens présents.

Pour les donations, dont il s'agit dans les art. 1082,
1084, 1086, le retour est réglé d'une manière différente par l'art. 1089. La mort du donataire n'ouvre plus
alors un droit de retour à titre de succession, mais il rend
ces donations caduques.

72. — Le retour a lieu, pour toute espèce de donation de biens présents, soit de meubles, soit d'immeubles.

Nous avons vu (n° 52) que, d'après le droit commun des pays coutumiers, les meubles n'étaient pas soumis au retour. La généralité des expressions de l'art. 747 ne permet plus de faire cette distinction.

73. — Mais le retour, selon l'art. 747, ne peut s'exercer que sur les *objets donnés, qui se retrouvent en nature,* sauf ce qui est dit dans la dernière partie de l'article, sur le prix encore dû et l'action en reprise. On retrouve la même idée reproduite par les mêmes termes dans l'art. 351, qui établit au profit du père adoptif le retour « des choses qui *existeront en nature* au décès de l'adopté » et dans l'art. 766, qui donne aux frères et sœurs légitimes de l'enfant naturel, le retour des biens donnés *s'ils se retrouvent en nature* » .

Il faut examiner d'abord dans quels cas les biens donnés se retrouvent ; nous verrons ensuite ce qu'on doit entendre par les mots *en nature.*

74. — On ne doit pas considérer comme existant dans la succession les biens dont le donataire a disposé par testament. Le droit de retour ne peut en effet s'exercer qu'à titre de succession *ab intestat.* Ce droit de succession se borne à prendre ce qui est libre dans les biens laissés par le défunt.

Les expressions *succèdent à l'exclusion de tous autres,* n'ont pas pour but, dans l'article, d'empêcher les dispositions testamentaires, mais de décider la question agitée autrefois, faut-il être le plus habile à succéder pour avoir droit au retour (V. n° 46).

Dans les pays coutumiers, où le retour n'était également qu'un droit successif, il était généralement reconnu que l'ascendant ne pouvait l'exercer au préjudice des dispositions testamentaires.

On ne peut pas dire que les biens, dont le défunt a disposé par testament, se retrouvent réellement dans la succession ouverte au profit des héritiers *ab intestat*, puisque, d'après les art. 711 et 1014, le légataire a un droit de propriété à la chose léguée, du moment du décès du testateur.

Le droit de retour légal ne peut donc s'exercer sur les biens légués (1).

75. — On ne doit pas non plus, selon nous, accorder le retour pour les choses qui ont été l'objet de la donation, mais qui ne se retrouvent dans le patrimoine du donataire, à sa mort, qu'après avoir perdu le caractère particulier, dont elles étaient originairement revêtues.

Ainsi, les biens donnés, après avoir été aliénés par le donataire, lui sont revenus à titre nouveau, par exemple, par suite d'achat, de donation ou de succession ; comme ils ne se retrouvent plus avec la qualité de biens donnés, ils ne sauraient être soumis à l'exercice du droit de retour.

En effet, par l'aliénation du donataire, le droit de réversion a été éteint ; un acte postérieur étranger à l'ancien donateur ne saurait créer un droit de succession en sa faveur.

---

(1) *Voy.* en ce sens Chabot, art. 747, n° 20 ; Delvincourt, t. II, p. 35 ; Grenier, Des donations, t. II, 598, 3° ; Malpel, n° 136 ; M. Duranton, t. VI, 226 et 227 ; Marcadé, III, art. 747 ; Zachariæ, t. IV ; Ducaurroy, commentaire sur le Cod. civ., art. 747. Req. rejet, 17 déc. 1812 ; Sir., XIII, 1, 409 ; Montpellier, 31 mai 1825 ; Sir. XXVI, 2, 14 ; Arr. cass., 16 mars 1830 ; Sir., XXX, 2, 306 ; arr. de rejet, 2 janvier 1838 ; Devill. et Car., 1838, I, 634. En sens contraire : Agen, 13 mars 1817, Sir., XXII, 2, 300 ; Agen, 11 déc. 1827 ; Sir. XXIX, 2, 74.

Plusieurs jurisconsultes (1) refusent d'admettre cette doctrine ; on ne doit point, d'après eux, distinguer là où la loi ne distingue pas. L'art. 747 ne demande pas que les biens donnés aient conservé ce caractère, il faut donc accorder le retour dans tous les cas.

Cette opinion a d'abord contre elle une présomption grave tirée de l'ancienne jurisprudence coutumière ; Lebrun dit expressément, dans son Traité des successions (liv. 1, chap. V, sect. 2, nᵒˢ 58 et 59), que l'héritage ayant une fois perdu sa qualité, ne la recouvre pas, et qu'on ne peut faire revivre le droit de réversion. Merlin, dont nous avons cité les paroles sur cette question (nᵒ 54), partage la même opinion. Nous ne faisons pas la distinction qu'on nous reproche ; l'art. 747 exige que les biens qui se retrouvent dans la succession soient les biens donnés ; lorsque les biens ont été aliénés, puis rachetés, ce ne sont plus les biens donnés que l'on retrouve, mais des biens achetés.

L'hypothèse suivante montre clairement que le droit de retour, une fois éteint, ne saurait revivre. Supposons que les biens donnés par un ascendant à son descendant aient été aliénés, puis, qu'ils aient été donnés de nouveau au donataire par un autre de ses ascendants, ce dernier donateur devra évidemment être préféré au premier.

Il ne suffit donc pas, que les biens qui ont été donnés, se retrouvent dans la succession, mais il faut encore que ces biens se retrouvent au même titre, c'est-à-dire, comme biens donnés (2).

_____

(1) Delvincourt, II, p. 37 ; Toullier, IV, 233 ; M. Duranton, nᵒ 232 ; Belost Jolimont sur Chabot, observ. 7 sur l'art. 747.

(2) _Voy._ en ce sens Chabot sur l'art. 727, nᵒ 21 ; Malpel, nᵒ 135 ; Bravard Veyrières, De l'étude et de l'enseignement du droit romain, p. 284.

76. — Que doit-on entendre par les expressions de l'art. 747, il faut que les biens se retrouvent *en nature* reproduites dans les art. 351 et 766 ?

Faut-il dire, en se tenant scrupuleusement aux termes de l'art. 747, que le législateur n'a voulu accorder le retour que dans les cas, où les *mêmes* objets qui ont été donnés, se retrouvent *identiquement*, sauf les exceptions que le législateur pose expressément à la fin de l'article?

Ou bien, peut-on, en interprétant l'intention du législateur, décider que le retour aura lieu, même si les objets ne se retrouvent plus identiquement, mais sont représentés par d'autres que le donataire a mis à leur place?

Le laconisme de la loi a amené des controverses nombreuses. Les auteurs qui se sont occupés de cette difficulté sont loin d'être d'accord entre eux. Ceux mêmes qui adoptent les mêmes principes, pour résoudre les questions qui se présentent, n'en adoptent pas également toutes les conséquences. La jurisprudence n'est pas non plus uniforme; on y trouve plusieurs décisions qui paraissent contradictoires.

Pour éviter toute confusion, nous traiterons séparément les questions qui s'élèvent pour le retour des donations de corps certains, et pour le retour des donations de choses fongibles.

77. — § 1er. *Donations de corps certains.* — Que faut-il, pour que le droit de retour de l'ascendant donateur d'un corps certain puisse s'exercer, quand les conditions nécessaires à l'ouverture de son droit sont accomplies (*voir* section 3e)?

La réponse paraît bien simple au premier abord : il faut, selon la première partie de l'article 747, que l'objet donné se retrouve *en nature*, c'est-à-dire, selon nous, identiquement le même.

Ces mots ne sont pas toujours entendus ainsi. D'après un système, soutenu par un grand nombre d'auteurs, le retour doit avoir lieu toutes les fois que l'objet donné se retrouve lui-même ou représenté dans la succession du donataire. C'est ainsi que, selon Maleville (art. 747, n° 10), « le droit de retour doit *toujours* avoir lieu, ex-
» cepté seulement que l'objet n'en ait péri, entre les
» mains du donataire, ou n'ait été dissipé sans emploi
» utile. » Dans tous les autres cas, il y a, d'après cet auteur, présomption que l'objet donné se retrouve par équivalent dans la succession, et cette présomption lui suffit.

N'est-ce pas substituer à la règle de l'art. 747 une règle tout à fait contraire?

Delvincourt et Chabot admettent aussi que le retour doit avoir lieu pour les objets qui représentent la chose donnée dans la succession ; mais ils ne présument pas la représentation de la chose donnée. Ils veulent la preuve que les objets retrouvés sont bien la représentation de ceux qui ont été donnés.

On présente d'abord les raisons suivantes à l'appui de ce système :

Le Code, comme nous le verrons plus loin, accorde, dans la deuxième partie de l'art. 747, à l'ascendant le droit de succéder, même au prix de l'objet vendu, *si toutefois ce prix est encore dû*. Quel peut être, dit-on, le motif de cette dernière condition, sinon que la loi n'a voulu accorder ce droit de succession à l'ascendant donateur qu'autant que l'objet donné, ou le prix qui le représente, n'est pas confondu avec les autres biens de la succession?

La loi admet donc la subrogation réelle dans cette

espèce de succession, sous cette seule condition qu'il n'y aura pas confusion ; pourquoi ne l'admettrait-on pas à l'égard de l'objet reçu en échange, qui peut être regardé comme le prix de l'aliénation.

A quel résultat bizarre on arriverait, ajoutent ces auteurs, si on refusait le retour pour les objets qui représentent l'objet donné. On accorderait, d'après la deuxième partie de l'art. 747, le retour pour une créance remplaçant l'objet vendu, et on le refuserait pour toute autre chose reçue en échange !

On peut répondre qu'il y a deux raisons d'une décision différente, pour le cas d'échange et pour le cas de vente, lorsque le prix est encore dû.

La première est celle-ci : En cas de vente, le vendeur de l'objet donné a *l'action en résolution* tant que le prix n'est pas payé. Si, par suite de cette action, le bien revient dans la succession du donataire, l'ascendant aura droit au retour. Le débiteur refusant de payer, l'existence du droit de retour aurait dépendu du parti pris contre lui ; si l'acheteur avait été poursuivi en payement, pas de droit de retour ; si l'on avait agi par l'action en résolution, le droit de l'ascendant donataire se serait ouvert.

Si l'acheteur, nous objecte-t-on, avait obtenu une renonciation au droit de résolution, ce motif n'existerait plus. Cela est vrai, mais cette renonciation est si rare, le vendeur a tant d'intérêt à ne pas la faire, l'acheteur en a si peu à la demander, que le législateur a bien pu ne pas penser à cette hypothèse.

La seconde raison qu'on peut donner de la différence établie entre le cas de vente et celui d'échange du bien donné, est que, dans le droit romain, et même d'après Pothier, dans la jurisprudence de son temps, le vendeur restait propriétaire jusqu'au payement ; il est très-possible que les rédacteurs du Code, en accordant le retour pour le prix encore dû, aient été sous l'influence de ces idées.

Mais les partisans du système que nous combattons n'argumentent pas seulement, pour donner le retour de l'objet qui représente la chose donnée, de la disposition qui l'accorde pour le prix encore dû; ils trouvent un nouveau motif de leur décision dans le retour de l'action en reprise.

Cette action en reprise, comme nous le verrons en examinant la fin de l'art. 747, peut comprendre, non-seulement les choses données, mais les objets qui les remplacent. Tel est le sens habituel de cette expression, et celui dans lequel les rédacteurs du Code l'ont certainement entendue (voy. Fenet, Discussion au conseil d'État, art. 747).

Ici nous manquent les deux raisons de différence que nous avons données entre le cas de vente, lorsque le prix est encore dû, et celui d'échange. Aussi, selon nos adversaires, on doit regarder cette dernière disposition du législateur comme renfermant l'esprit de la loi, et il faut accorder le retour pour l'équivalent de l'objet donné, dans tous les autres cas, puisqu'il n'y a entre ceux non prévus et celui qui l'a été, aucune raison possible d'une décision différente.

On peut encore ajouter, à l'appui de cette doctrine, que les termes, même de la première partie de l'art. 747, ne sont pas un obstacle à cette interprétation.

La première rédaction de cet article était ainsi conçue (1) : « Les ascendants succèdent toujours et à l'ex-

---

(1) Voy. Fenet, Trav. préparat. du Cod. civ., t. XII, p. 28.

» clusion de tous autres aux choses par eux données à
» leurs enfants ou descendants lorsque les donataires
» sont décédés sans postérité. » L'article ne demandait
pas que l'objet donné se retrouvât en nature; il ne parlait
pas du prix encore dû, ni de l'action en reprise.

Dans la discussion au conseil d'État, ces seules hypothèses se présentèrent à l'esprit des rédacteurs; ils admi-
rent le retour dans tous ces cas successivement (1).

Le second alinéa ne fait pas exception au premier, il
énumère seulement des cas différents de ceux d'abord
prévus. On ne doit pas conclure qu'en citant les hypothèses les plus ordinaires, le législateur ait voulu exclure
toutes les autres, pour lesquelles il y a absolument les
mêmes motifs de retour. Il faut, au contraire, accorder
ce droit pour tout objet de la succession provenant directement ou indirectement de la donation.

Ce système est adopté par beaucoup d'auteurs (2).

La question paraît douteuse à Grenier, qui ne se pro-
nonce pas (3).

Nous ne pensons pas cependant qu'on doive admettre
cette doctrine. Il nous semble impossible de faire plier le
texte à l'interprétation précédente.

Comment penser que les rédacteurs, voulant rendre

_____

(1) « M. Treilhard dit que le droit de retour embrasse *tout*
» *ce qui existe en nature, ou en cas d'aliénation* le prix qui peut
» encore être dû, et par la même raison, l'action en reprise
» qui pouvait appartenir à la donataire sur les biens de son
» mari. (Fenet, *loc. cit.*) »

(2) *Voy.* notamment Zachariæ et ses annotateurs, t. IV,
p. 232; Delvincourt, II, p. 39; Chabot, art. 747, n° 22; Malpel, Successions, n° 135; Poujol, 747, n° 20; Duranton, t. VI,
n° 233.

(3) Grenier, Des donations, n° 598.

cette pensée qu'on leur suppose : l'ascendant donateur reprendra *tout ce qui*, dans le patrimoine du donataire, provient de sa donation, aient employé les termes qu'on trouve dans l'art. 747?

On ne peut voir dans les expressions *choses données qui se retrouvent en nature*, une erreur de rédaction, car elles sont reproduites dans les art. 351 et 766.

Lorsque le législateur veut accorder un droit sur des biens acquis en remploi, il le dit clairement. Ainsi, dans l'art. 132, on lit : « L'absent... recouvrera ses biens » dans l'état où ils se trouveront, ou le prix de ceux qui » auraient été aliénés, ou les biens *provenant de l'emploi* » qui aurait été fait de ces biens vendus. »

L'ensemble de l'art. 747 suffirait pour prouver la fausseté du système que nous combattons. En effet, parmi les extensions qu'on donne à la loi, en soumettant au retour les objets qui représentent les choses données, il en est une qui n'est pas conciliable avec la fin de l'article ; si le bien donné est vendu, on veut que son prix même soit réversible à sa place, si ce prix est employé à l'achat d'un autre bien, ce bien sera également réversible.

Mais alors si tout ce système ressort du reste de l'article, pourquoi le législateur aurait-il fait une disposition spéciale pour le cas où le prix est encore dû? N'est-ce pas là une preuve que le retour ne serait pas possible si le prix avait été payé.

Les considérations d'équité pour assimiler l'objet qui représente la chose donnée, à cette chose elle-même, ne nous semblent pas suffisantes pour assujettir cet objet au retour. Le législateur a très-bien pu être arrêté par le grand nombre des difficultés qui naîtraient sur la question de fait.

Enfin, si l'on hésitait, malgré toutes les raisons que nous avons données, dans le doute, il faudrait encore, selon nous, hors les deux hypothèses prévues par la fin de l'art. 747, refuser le droit de retour sur les choses que représentent l'objet donné.

La succession anomale est, en effet, une exception aux règles ordinaires, et les exceptions doivent être interprétées strictement.

Nous préférons appliquer littéralement l'art. 747, ne voir, dans le retour de l'action en reprise, qui quelquefois comprend la représentation des objets donnés, au lieu de ces objets eux-mêmes, qu'une simple exception à la règle passée par le premier alinéa de l'art. 747.

78. — § 2. *Donation de choses fongibles.* Quand la donation a pour objet des *choses fongibles*, il y a une difficulté de plus que lorsque la donation concerne des corps certains, parce qu'il semble presque impossible, au premier abord, que le retour puisse jamais avoir lieu, si on ne l'admet pas, pour les choses qui représentent l'objet donné.

Nous pensons, cependant, qu'on ne doit pas plus admettre cette extension du droit de retour, pour les choses fongibles, que pour les corps certains.

Une donation de choses fongibles, est le don d'objets considérés comme genre, et non individuellement, qui dans l'intention des parties pourraient parfaitement être remplacées par une égale quantité d'objets de même espèce.

Ainsi, la donation d'argent sera presque toujours une donation de choses fongibles, parce que le donateur, comme le donataire, n'y verront le plus souvent, que la donation d'une valeur monétaire, et non de certaines pièces d'argent.

Pour les corps certains, nous avons décidé, que les choses données ne se retrouvaient en nature que quand les objets étaient *identiquement* les mêmes. Ce qui a été donné en effet, c'est tel objet individuellement.

Pour les choses fongibles, comme ce ne sont pas des objets particuliers, qui ont été donnés, mais des quantités, il n'est pas nécessaire, pour accorder le retour, qu'on retrouve les mêmes objets qui composaient ces quantités, mais ces quantités en nature, selon l'art. 747, c'est-à-dire identiquement les mêmes.

Ce qui a été donné est une valeur d'une certaine espèce, il faut que l'on retrouve cette valeur de même espèce, c'est-à-dire non transformée, et que ce soit bien la même. Mais il importe peu que les objets, formant cette valeur, soient remplacés par d'autres.

Montrons cela par des exemples :

Supposons la donation d'une somme d'argent, chose fongible par excellence : quand le retour devra-t-il avoir lieu ?

1° D'abord, cas qui ne présente aucune difficulté, les pièces de monnaie, les mêmes qui ont été données, se retrouvent au décès. Il n'est pas besoin d'invoquer la qualité de chose fongible, puisqu'on retrouve identiquement les mêmes écus; le retour aura lieu.

2° La somme donnée se retrouve dans la succession, mais les écus qui la composaient ont été confondus avec d'autres; ou bien encore sont remplacés par une autre espèce de monnaie. Par exemple, au lieu d'argent on trouve de l'or, mais il est certain que la *valeur* donnée par l'ascendant n'est pas sortie un instant de la caisse du donataire. Nous accorderons encore le droit de retour à l'ascendant, quoique cette *valeur donnée se retrouvant en nature* ne soit plus composée des mêmes pièces.

La même décision devrait être donnée, si on retrouvait des billets de banque, parce qu'ils font, chez nous, office de monnaie.

Mais nous pensons, qu'on ne doit pas aller plus loin, comme le font plusieurs auteurs, ainsi que la jurisprudence, parce que, n'étant plus soutenus par un principe, nous serions entraînés, pour être conséquents, à accorder le retour pour l'équivalent des choses données, ce qui nous a paru (n° 77) contraire à la loi.

Ainsi nous refuserons le retour :

1° S'il n'est pas prouvé que la valeur retrouvée dans la succession, soit *la même* que celle donnée, c'est-à-dire *provienne de la donation* quand même elle serait de même espèce.

2° Si la valeur retrouvée est bien le produit de la donation, mais n'est plus *de même espèce*, c'est-à-dire a été transformée.

Voyons un exemple pour le premier cas : un ascendant a donné à son fils, prenant un fonds de commerce, une somme de 10,000 fr., sans stipuler le retour ; plusieurs années après, ce fils meurt, laissant, dans sa succession, une pareille somme en argent.

Il est certain, en fait, que la somme donnée par l'ascendant a été transformée bien des fois ; on ne retrouve donc pas en nature la chose donnée elle-même ; aussi selon nous, le retour ne doit pas avoir lieu.

Plusieurs systèmes existent sur le retour des donations de choses fongibles.

— 1er *système.* Le retour des choses fongibles doit

toujours avoir lieu lorsqu'on retrouve dans la succession des objets de même nature que ceux donnés.

Il suffit à Chabot, qui soutient cette doctrine, que ces objets soient de même nature, il n'exige pas, comme pour les corps certains, que ces objets proviennent de la même cause, c'est-à-dire de la donation, et représentent les objets donnés (V. n° 77).

Il décide que la réversion a lieu également, soit lorsque la donation est faite en numéraire, et qu'il se retrouve dans la succession au moins pareille somme en numéraire, ou en créances, ou en effets publics, soit lorsque la donation, ayant été faite en billets, créances, effets publics, il se trouve dans la succession, ou d'autres billets ou créances pour une somme au moins égale ; parce que, dans chacun de ces cas, la somme, la créance ou l'effet public existant dans la succession, sont les somme, créance, effet public de même valeur.

Un grand nombre d'auteurs ont adopté cette opinion (1).

Merlin (2) la déclare vraisemblable, au moins pour les donations de sommes d'argent, lorsqu'on retrouve également des sommes d'argent dans la succession du donataire; il hésite, lorsqu'il y a eu « transformation » d'une somme d'argent en une créance, ou d'une » créance en une somme d'argent ou une autre créance. »

Plusieurs arrêts (3) accordent aussi le retour, dans l'hypothèse prévue.

---

(1) Maleville, art. 747 ; Toullier, IV, 245 ; Grenier, Des donations, n° 598, § 5 ; Malpel, n° 135 ; Vazeille.

(2) Répertoire, v° Réserve, sect. 2, § 2, n° 2, 5.

(3) Rouen, 11 janvier 1816 ; Sir., XVI, 2, 29 ; civ. rejet., 30 juin 1817 ; Sir., XVII, 1, 313.

Ils sont fondés sur ce que la loi, en exigeant que les choses données se retrouvent en nature, ne demande pas que les objets soient identiquement les mêmes ; autrement, les dispositions de l'art. 747, lorsque les choses données consisteraient en une somme, soit en espèces métalliques, soit en effets commerciaux, seraient illusoires, le retour ne pourrait presque jamais avoir lieu. Cependant il est avantageux d'encourager les libéralités des ascendants.

Ces motifs sont plutôt une critique, qu'une interprétation de la loi.

Les conséquences de la doctrine adoptée par la cour de cassation sont de rendre le retour presque inévitable, lorsque la donation consistera en argent, ou en objets que Chabot y assimile.

En effet, si avec les valeurs données le donataire a acheté des biens, d'après le principe admis par Chabot, que le retour a lieu pour les objets qui représentent les choses données, il y aura réversion (n° 77).

Si le donataire a dissipé les valeurs, il suffira qu'il s'en retrouve d'autres en numéraire, ou assimilées au numéraire, pour que le retour puisse s'exercer.

2ᵉ *système* (1). Le retour des donations de choses fongibles a lieu, comme le retour des corps certains, pour les objets qui représentent les choses données, mais il faut que ce caractère de représentation ne soit pas douteux.

3ᵉ *système* (2), que nous avons adopté. Il faut, pour

---

(1) *Voy.* MM. Dalloz, Duranton, n° 234, 240 ; Zachariæ, t. IV.

(2) *Voy* M. Marcadé, t. III, art. 747, n° 5 ; Ducaurroy, Commentaire du Cod. civ., n° 484.

le retour des choses fongibles, comme pour celui des corps certains, que la chose donnée se retrouve en nature ; c'est-à-dire qu'elle *soit de même espèce et provienne de la donation.*

On doit se souvenir que dans les donations de choses fongibles, la chose donnée est une quantité, une valeur d'une certaine espèce, et non la réunion de certaines choses individuelles.

79. — Une difficulté se présente ici ; lorsqu'une somme d'argent a été donnée, si elle a été prêtée par le donateur, le retour aura-t-il lieu pour la créance ?

On peut soutenir, que l'on ne doit pas plus accorder le retour de la créance, que celui de tout autre équivalent, car la créance n'est pas la même chose qu'une valeur monétaire (1).

On répond que la valeur donnée, la somme d'argent, existe toujours dans le patrimoine, puisqu'elle n'a été que *prêtée,* que le remboursement ne sera qu'une restitution, que la créance n'est qu'une action en reprise de la même somme.

Nous verrons plus loin que le retour a lieu pour l'action en reprise d'un objet *représentant* la chose donnée, à plus forte raison, doit-il avoir lieu, lorsque cette action doit faire rentrer l'objet donné lui-même, dans le patrimoine ?

Aussi nous pensons que le retour de la créance de la somme qui fait l'objet de la donation doit être accordé.

80. — Lorsque la chose donnée se retrouve dans la succession du donataire, mais améliorée ou augmentée, le donateur a le droit de la reprendre, avec ses augmen-

_____

(1) *Voy.* Merlin, loc. cit.

tations, parce que la propriété de l'accessoire suit la propriété de l'objet principal ; mais comme il reprend plus qu'il n'a donné, et par conséquent des choses auxquelles il n'était pas appelé à succéder, le donateur doit une indemnité pour *la plus-value* ; il ne peut, en effet, s'enrichir aux dépens des héritiers ordinaires (1). Si l'augmentation résultait d'une alluvion, ou de toute autre accession naturelle, comme elle n'aurait rien coûté au donataire, il n'y aurait pas d'indemnité à payer.

Plusieurs auteurs, cependant, prétendent que l'ascendant n'en doit jamais ; quand au lieu d'une amélioration, le donateur retrouve une détérioration, il ne peut rien réclamer : par réciprocité, on doit, disent-ils, laisser le donateur profiter des améliorations.

Cette règle de réciprocité ne peut exister ici, car si l'ascendant ne peut rien réclamer, en cas de diminution de la chose donnée, c'est qu'il n'a jamais eu aucun droit, comme héritier, sur ce qui ne se retrouve pas dans la succession ; il peut avoir *moins* qu'il n'a donné, puisqu'il peut *n'avoir rien*, mais il ne peut avoir *plus*.

81. — Nous avons expliqué la règle posée par la première partie de l'art. 747 : pour être assujetties au retour, il faut que les choses données se retrouvent en nature dans la succession du donataire.

Nous allons voir les exceptions apportées à cette règle, par le second alinéa de l'article ; il est ainsi conçu :

« Si les objets ont été aliénés, les ascendants recueillent le prix qui peut en être dû. Ils succèdent, aussi, à l'action en reprise que pouvait avoir le donataire. »

---

(1) Chabot, n° 25, art. 747 ; MM. Marcadé, III, p. 109 et Durauton, VI, p. 246.

(2) Toullier, n° 232 ; M. Buguet.

82. — L'ascendant donateur peut donc reprendre le prix de la chose donnée, tant qu'il n'a pas été payé. Nous avous vu (n° 77) quels pouvaient être les motifs de cette exception. Si on ne l'eût pas admise, le droit de l'ascendant eût été, sauf le cas très-rare de renonciation au droit de résolution, à la discrétion de l'héritier du donataire. L'ascendant donateur aurait eu la réversion, si l'héritier eût exercé l'action en résolution ; mais s'il eût poursuivi l'acheteur, en usant du privilége de vendeur, ce qu'il n'aurait sans doute pas manqué de faire, l'ascendant n'aurait pu succéder aux choses par lui données.

De plus, les rédacteurs étaient habitués à ne pas regarder la vente comme définitive jusqu'au payement du prix.

On comprend donc que l'ascendant ait encore droit au retour, *si le prix est encore dû.*

83. — Nous n'admettons pas, comme le font quelques auteurs (1), en se fondant sur cette disposition, le retour d'une rente constituée, au lieu de l'objet donné, parce que, dès que la rente a été constituée, l'aliénation a été définitive, l'objet donné a été remplacé par le droit aux arrérages.

Le retour de la rente, à l'ascendant, ne pourrait avoir lieu, que si on admettait le retour pour l'équivalent de la chose donnée.

84. — Lorsque la chose donnée n'existe plus en nature, que le prix n'en est plus dû au moment du décès, l'ascendant donateur peut encore avoir droit à l'*action en reprise.*

Tant que l'action en reprise existe, comme, tant que

---

(1) Chabot, art. 747, n° 18 ; Vazeille, art. 747, n° 20.

le prix n'est pas payé, l'aliénation n'a pas un caractère définitif, qui ne laisse au donataire aucun moyen de rentrer dans la propriété des objets dont il a disposé.

Ces mots *action en reprise* ont un sens spécial dans la langue du droit, les art. 1422, 2144 et 2195 en parlent expressément. L'action en reprise tend à faire rendre à l'un des conjoints ses apports par la communauté, ou par l'autre conjoint.

Le donateur succède à l'action qu'aurait eue, pour les biens donnés, le conjoint dont il est l'ascendant. Son action comprend donc aussi bien les choses données, qui se retrouvent en nature, que les objets acquis en remploi, ou leur prix, s'il n'a pas été fait remploi; peu importe ici que le prix soit dû ou non.

Le droit de l'ascendant s'étend aussi aux sommes données qui, d'après convention, ne sont pas entrées définitivement dans la communauté.

L'ascendant donateur peut agir, par cette action en reprise, dans tous les cas, où le conjoint prédécédé aurait pu le faire, et de la même manière.

85. — Bien que dans la discussion au conseil d'État (1), on n'ait parlé que de l'action reprise du conjoint, personne n'hésite à accorder également le retour de toute action de nature à faire rentrer le bien dans le patrimoine.

Ainsi il y a lieu à succession anomale, lorsque le donataire a vendu avec pacte de rachat, où, quand le bien donné a été aliéné, et qu'il y a lieu de faire annuler l'annulation pour une cause quelconque, pour erreur, violence, vilité de prix en cas de vente, ingratitude du donataire en cas de donation,

(1) Fenet, t XII, p. 24.

Dans tous ces cas, l'action en reprise a pour objet de faire rentrer dans le patrimoine la chose donnée elle-même, tandis que la première action en reprise dont nous avons parlé, n'a souvent pour objet que des équivalents. Nous avons déjà reconnu cette exception à la règle générale et limité sa portée. (*Voy.* n° 77.)

SECTION III.

Dans quels cas a lieu le retour légal de l'ascendant donateur.

80. — Le droit de succession de l'ascendant donateur est ouvert par la mort naturelle ou civile du donataire.

Autrefois le droit de retour étant souvent considéré comme résultant d'une stipulation tacite, beaucoup d'anciens auteurs n'admettaient pas qu'il fût ouvert par la mort civile du donataire.

Le donateur, disaient-ils, n'avait pu prévoir le cas d'une condamnation emportant mort civile, la présomption de la loi ne pouvait s'appliquer.

Aujourd'hui ce motif de doute n'existe plus, puisque le retour n'est qu'un droit de succession, il doit avoir lieu, dans tous les cas où la succession s'ouvre.

On objecte, que l'art. 747 n'admet le retour, que quand le donataire *est décédé sans postérité*, et que cette expression ne peut s'appliquer qu'à la mort naturelle.

Ces mots n'ont pas pour but de restreindre, au cas de mort naturelle, le retour légal, ils ont rapport à une autre condition nécessaire pour l'ouverture du droit de l'ascendant, que nous verrons tout à l'heure. Que deviendraient d'ailleurs les biens donnés du condamné? L'art. 25 dit expressément : La succession est ouverte au profit de ses héritiers, auxquels ces biens sont *dévolus de la même manière que s'il était mort naturellement.* L'art. 747 nous dit quels sont ces héritiers (1).

87. — Une seconde condition essentielle pour l'ouverture du droit de l'ascendant, est que le donataire n'ait pas laissé de postérité.

L'existence d'un enfant adoptif mettra-t-elle obstacle au droit de retour? Selon l'art. 350, l'adopté a, sur les biens de l'adoptant, les mêmes droits qu'aurait un enfant né en mariage; si on lui refusait le droit d'exclure l'ascendant donateur, il ne jouirait pas des mêmes droits que s'il eût été légitime.

Mais alors, dit-on, on se trouve en contradiction avec les motifs de l'introduction dans le droit ancien du retour légal; l'existence des enfants n'empêchait le retour, que parce qu'on présumait que l'ascendant comprenait la postérité du donataire dans sa libéralité. On mettrait de côté les motifs de la loi, si l'ascendant était exclu de la succession des biens donnés, à cause de l'existence d'un enfant qui lui est étranger naturellement et civilement.

On peut répondre, que le retour n'étant dans le Code qu'un simple droit de succession, l'ascendant donateur savait qu'il pouvait être privé du droit de reprendre les choses par lui données par toute disposition du donataire, par un legs, par exemple. Comment refuser le même effet à l'adoption? Comment ne pas reconnaître à cet acte irrévocable, entouré de tant de solennité et de garanties, une importance suffisante pour mettre obstacle

---

(1) *Voy.* en ce sens Chabot sur l'art. 747, n° 0; Toullier, IV, 242; M. Duranton, VI, p. 207.

au retour, tandis qu'un simple testament peut produire ce résultat.

Il faut ajouter que les intentions du donateur n'ont pu être trompées, car il devait savoir, qu'en ne stipulant pas la réversion, il permettait au donataire d'empêcher le retour par toute espèce de disposition (1).

88. — Le retour devra-t-il avoir lieu, si le donataire laisse un enfant naturel ?

D'après le texte de l'art. 747, on doit répondre : non. Il faut, pour l'ouverture du retour, que, selon les termes de l'article, le donataire n'ait pas laissé de *postérité*.

Les rédacteurs ne distinguent donc pas entre la postérité légitime ou naturelle, et nous venons de voir qu'on doit comprendre dans les termes de l'article, la postérité adoptive.

Cette décision soulève de nombreuses objections (2). D'abord on dit : Entre l'enfant naturel et le père de celui qui l'a reconnu, la loi ne reconnaît aucun lien ; le donateur n'a pas dû avoir l'intention de le comprendre dans sa libéralité. De plus, la disposition de l'art. 747 est inscrite au titre des successions légitimes, elle n'a pas été répétée au titre des successions irrégulières.

Nous avons déjà combattu cette dernière objection sur la question de savoir si le père naturel avait droit au retour (n° 68) ; il est inutile d'y revenir.

Quant à la première, il faut répondre comme pour l'enfant adoptif : l'existence d'un enfant étranger au donateur ne peut tromper ses intentions, il savait que toute

---

(1) Delvincourt, II, p. 40, 41 ; Toullier, IV, 240 ; Chabot, art. 747, n° 13 ; MM. Malpel, Duranton, VI, 220.

(2) Revue critique de la jurisprudence, I, 6° et 8° livraison, p. 354, 480.

disposition du donataire, un simple legs même, suffisait pour mettre obstacle au retour légal.

Comment la reconnaissance d'un enfant n'y porterait-elle pas atteinte?

L'un des effets principaux de cette reconnaissance est précisément de donner des droits à la succession de celui quireconnaît. Refuser à l'enfant naturel le droit de mettre obstacle au retour légal, c'est lui refuser un des droits dont la reconnaissance l'a investi.

89.—On pourrait à la rigueur, disent nos adversaires, admettre cette doctrine, si la disposition de l'art. 747 était isolée dans le Code; mais on en rencontre deux autres qui présentent beaucoup d'analogie avec elle, et qui doivent décider la question laissée douteuse par l'art. 747.

1° Suivant l'art. 351, la réversion au profit de l'adoptant a lieu lorsque l'adopté qui prédécède ne laisse pas de descendants *légitimes.* Donc, dans l'art. 351, qui n'est qu'une application au cas particulier de l'adoption du principe posé par l'art. 747, on ne considère que la postérité légitime.

2° L'art. 960 établit que la révocation d'une donation, pour survenance d'enfant, n'aura lieu qu'en cas de survenance d'un enfant *légitime* ou de légitimation, par mariage subséquent, d'un enfant naturel né depuis la donation.

Ici encore on ne tient compte que des enfants légitimes.

On conclut de ces deux articles, que l'expression générale, *sans postérité,* de l'art. 747, n'est que le résultat d'un oubli du rédacteur, si du reste elle n'est pas motivée par la place de cet article, au milieu des successions légitimes. La présence d'un enfant naturel ne doit donc

6

pas empêcher le retour à l'ascendant donateur, car il serait inexplicablede mettre une différence entre ce cas et ceux prévus par les art. 351 et 960 (1).

L'objection la plus sérieuse, contre notre doctrine, est celle tirée de l'art. 351.

Aussi les annotateurs de Zachariæ, MM. Aubry et Rau, ne voyant aucune différence rationnelle entre les deux cas prévus par les art. 351 et 747, ont, pour échapper à cette objection, refusé le retour au père adoptif, en présence d'un enfant naturel de l'adopté. Ces auteurs n'ont pas été arrêtés par les expressions si formelles de l'art. 351, « si l'adopté meurt sans enfants *légitimes.* »

Il n'est pas nécessaire, selon nous, d'aller aussi loin; nous croyons qu'on peut admettre que l'existence d'un enfant naturel porte atteinte au droit de retour de l'ascendant donateur, sans qu'elle produise le même effet dans le cas prévu par l'art. 351.

Il y a, en effet, une différence entre l'hypothèse de l'art. 747 et celui de l'art. 351, et, par conséquent, raison d'une décision différente.

Est-ce la même chose, de mettre obstacle au retour de l'ascendant donateur en présence d'un descendant, qui lui est, il est vrai, étranger civilement, ou d'empêcher le retour de l'adoptant, en présence de l'enfant naturel de son fils adoptif, qui n'était uni à lui que par un lien civil?

La libéralité de l'adoptant envers le donataire, indépendante des liens du sang, n'était-elle pas moins naturelle que celle d'un père légitime envers son fils? Par suite, l'adoptant ne mérite-t-il pas plus d'intérêt?

---

(1) *Voy.* en ce sens Zachariæ, IV, art. 747.

Du reste, quel que soit le motif de différence entre les deux hypothèses prévues par les art. 351 et 747, elle existe. Sans cela il faudrait dire, non pas seulement pour la question qui nous occupe, mais pour toutes les autres, que les deux articles doivent se compléter l'un par l'autre.

Ainsi, d'après l'art. 351, les choses données par l'adoptant retourneront à cet adoptant ou à ses descendants; il n'est cependant pas possible d'accorder un droit de retour, dans l'art. 747, aux enfants du donateur.

De même, nous verrons que le retour a lieu, d'après l'art. 352, dans la succession des enfants du donataire, et qu'on ne peut l'admettre dans les mêmes circonstances pour le donateur de l'art. 747.

L'objection qu'on tire de l'art. 960 est beaucoup moins sérieuse. Il est facile de comprendre pourquoi le législateur n'a admis la révocation pour survenance d'enfants, qu'autant que ces enfants sont légitimes ou légitimés par mariage subséquent, il a rendu la révocation beaucoup moins aisée que s'il eût suffi d'une reconnaissance d'enfant naturel.

D'ailleurs, dans l'art. 960, la présence d'enfants a pour effet de donner un droit *au père*; dans les art. 351 et 747, de donner un droit aux *enfants*. La révocation pour survenance d'enfants est une faveur accordée au donateur : le père d'un enfant naturel ne la mérite pas.

91. — On doit donc, selon nous, sans avoir égard à ces deux objections, décider que la présence d'un enfant naturel doit porter atteinte au droit de l'ascendant donateur ; mais il faut remarquer que les droits de succession que le code donne aux enfants naturels sont moins étendus que ceux dont jouissent les enfants légitimes ; aussi, l'existence d'un enfant naturel doit porter une atteinte moins forte au droit de retour, que celle

d'un enfant légitime. Le droit de retour ne sera diminué que pour la portion que prend l'enfant naturel.

Cette portion varie selon les personnes avec qui il est en concours. Quand il y a succession anomale, il est toujours en présence d'un ascendant ; l'enfant naturel prend alors moitié ; par conséquent, l'ascendant donateur n'a droit qu'à la moitié des biens donnés (1).

92. — C'était une question, dans l'ancien droit, de savoir si, lorsque les enfants n'étaient pas nés du mariage, en faveur duquel le don avait été consenti, ils empêchaient le retour. L'art. 747, ne distinguant pas de quel mariage est issue la postérité qui fait obstacle au retour, il suffit qu'il existe des descendants pour que le retour ne puisse avoir lieu. Il faut remarquer, du reste, qu'une donation, quoique faite en faveur d'un mariage, ne profite pas uniquement aux enfants qui naissent de ce mariage. A la mort du donataire, ces biens sont partagés également entre les enfants des divers lits, sans qu'on distingue en faveur de quel mariage ils ont été donnés.

93. — Lorsque le donataire a laissé des enfants, mais qu'ils se trouvent incapables ou indignes de lui succéder ou bien s'ils renoncent à sa succession, leur existence n'empêche pas le retour. Le législateur, en n'autorisant le retour qu'à défaut de postérité, a voulu évidemment préférer les descendants au donateur. Ce serait faire profiter des dispositions de la loi des personnes en faveur

---

(1) Chabot, art. 747, n° 14 ; Belost Jollimont sur Chabot, obs. 2, art. 747 ; Delvincourt, VI, p. 40 ; Toullier, VI, p. 240. MM. Duranton, VI, 219, Malpel, n° 134, Fouet de Conflans sur l'art. 747. Voy. cependant arr. Cass., 3 juillet 1832 ; Sir., t. 32, 1, 408.

de qui elles n'ont pas été faites, que de refuser le retour au donateur, lorsque les descendants qui restent ne sont pas héritiers.

Il est vrai que l'art. 747, en parlant de la postérité du donataire, ne distingue pas, si elle vient à la succession ou non ; mais en matière de succession, n'est-ce pas la même chose que le défunt n'ait pas laissé de descendants, ou qu'il en ait laissé qui ne soient pas héritiers (1).

94. — L'ascendant survivant peut-il exercer le retour, lorsque les descendants du donataire, qui avaient fait obstacle à l'exercice de son droit, décèdent eux-mêmes sans postérité ? En d'autres termes, l'ascendant donateur peut-il exercer son droit dans la succession des enfants du donataire ?

Nous avons vu (nos 32, 56) les nombreuses controverses soulevées par cette question dans le droit ancien.

Les termes de l'art. 747 sont contraires à l'ascendant donateur. Il ne succède, d'après l'article, qu'aux choses par lui *données à ses enfants ou descendants*. Le descendant doit donc être donataire, pour que l'ascendant lui succède. Il ne peut être considéré comme tel, lorsqu'il n'a reçu les biens donnés que dans la succession de son père. Il en serait autrement, si les biens donnés étaient parvenus au descendant par l'exécution d'une substitution (art. 1048), le descendant serait alors vraiment donataire, et à sa mort, il pourrait y avoir lieu au retour.

On invoque, pour accorder à l'ascendant donateur

---

(1) Delvincourt, II, p. 47 ; Chabot, art 747, n° 11; Toullier, IV, p. 241 ; M. Duranton, VI, p. 218.

le retour dans la succession des enfants du donataire, la jurisprudence des pays de droit coutumier, auxquels cet article a été emprunté. Pothier, en présence des textes de la coutume d'Orléans, décidait que le retour devait avoir lieu. Pourquoi, ajoute-t-on, ne pas décider de même en présence de textes à peu près semblables, lorsque rien n'indique que le législateur ait voulu innover ?

Nous avons vu (n° 56) que dans le droit coutumier il y avait, en faveur de l'ascendant, une raison particulière qui n'existe plus aujourd'hui. Le retour n'avait lieu, en général, que pour les propres ; l'ascendant donateur se trouvait le plus souvent l'héritier lignager le plus proche, et comme tel, il avait droit aux biens ; la question avait donc moins d'intérêt. La décision de Pothier était, du reste, loin d'être unanimement admise dans le droit coutumier, et dans le droit écrit, où la question avait bien plus d'importance, on ne peut pas dire que le droit commun était favorable à l'ascendant donateur.

En présence d'une telle incertitude dans la législation ancienne, comment pourrait-on croire que les rédacteurs du code aient eu l'intention d'admettre le droit de l'ascendant à la succession des enfants du donataire, sans s'en être formellement expliqué, pour prévenir toute nouvelle controverse. On trouve, dans les termes de l'art. 747, une exclusion du droit de retour, tandis qu'il faudrait une disposition expresse pour étendre ce privilège, au cas où la postérité du donataire vient à s'éteindre avant la mort du donateur.

Le législateur n'a pas négligé cette disposition dans un cas à peu près semblable, où il voulait accorder cette faveur. L'art. 352, qui établit un retour en faveur du père adoptif, dit expressément que ce retour aura lieu aussi dans la succession de la postérité de l'enfant adoptif.

Il est vrai que les partisans du retour, dans le cas qui nous occupe, tirent argument de cet article, et prétendent que le législateur ayant donné expressément le retour en cas de prédécès de la postérité du fils adoptif donataire, dans des circonstances moins favorables, selon ces auteurs, que celles dans lesquelles on se trouve, ont doit conclure, qu'il existe aussi pour l'ascendant donateur. On peut répondre que les circonstances prévues ne sont certainement pas les mêmes. Nos adversaires les déclarent moins favorables au donateur dans le cas prévu par l'art. 352, que dans celui de l'art. 747. Cette opinion pouvait ne pas être celle des rédacteurs, car on peut très-bien ne pas la partager. Ce n'est pas là appliquer la loi, c'est la faire.

On ne doit, d'ailleurs, jamais oublier, que le droit de retour est une exception aux règles générales sur les successions qui ne peut être étendue par voie d'interprétation hors des limites indiquées dans le texte (1).

_____

(1) Voir en ce sens Chabot sur l'art. 747, n° 12 ; Delost Jolimont sur Chabot, observ. 5, art. 747 ; Toullier, IV, 243 ; Grenier, Des donations, II, 598, 6° ; Malpel, n° 133, Duranton, VI, p. 210, Merlin, v° Réserve, s. 2, § 2, n° 3, 6° ; v° Succession, s. 1, § 2 art. 5, n° 1 ; Favart, Répert., v° Succession, s. 3, § 3, n° 9 et 10. Civ. rej. 18 août 1818, Sir., t. 18, 1, 378 ; Nîmes, 14 mai 1818 ; Sir., XX, 2, 38 ; Req. rej., 30 nov. 1819 ; Sir., XX, 1, 107 ; arr. 9 nov. 1847, vol. 1847, 2, 662 ; Rec. général, Devilleneuve, arr. de Cass., 21 août 1848, année 1840, 1, 121 ; 20 mars 1850, année 1850, 1, 388. Voy. en sens contraire, Malleville, t. II, p. 210 ; Delvincourt, II, p. 74 ; Garabis, Revue étrangère et française, 2ᵉ série, 13, p. 946 ; Maret, Droit de retour, p. 156 ; Delaporte, Pandectes françaises, t. III, p. 75, Vazeille, art. 747, n° 19.

SECTION IV.

Effets du droit de retour.

95. — Les principaux effets du droit de retour, sont des conséquences de ce que ce droit s'exerce à titre de succession.

Nous lui avons reconnu ce caractère, d'après la place qu'occupe l'art. 747, et les expressions qui s'y trouvent; les auteurs sont presque unanimes pour partager cette doctrine, consacrée par la cour de cassation (1).

De ce principe, que le droit de retour n'est qu'une succession privilégiée, nous avons déjà vu (n° 65), que l'ascendant ne pouvait renoncer valablement à son droit du vivant du donateur (art. 701); que le retour ne pouvait avoir lieu qu'à défaut de dispositions testamentaires (n° 74) que l'ascendant devait réunir les qualités requises pour être héritier (n° 66).

Nous allons indiquer les autres conséquences.

96. — Par l'ouverture du droit de retour l'ascendant donateur est saisi de plein droit, des choses par lui données, sans être tenu d'en demander la délivrance.

97. — Il doit contribuer aux dettes.

On objecte, que les successeurs à titre particulier n'en étant pas tenus, l'ascendant donateur devrait en être dispensé. On peut d'abord répondre que l'art. 724 ne fait pas cette distinction : d'après cet article, tout héri-

_____

(1) 28 déc. 1829; Sir., XXX, 1, 152.

D'après une circulaire de la régie d'enregistrement, du 23 brumaire an VIII, on doit appliquer au droit de retour légal, le droit proportionnel dont sont passibles les mutations par décès.

tier est tenu des dettes. De plus, on peut dire qu'il n'y a pas de motif d'en dispenser l'ascendant, en présence de l'art. 351 qui ne donne le droit de retour à l'adoptant qu'à la charge de contribuer aux dettes. L'adoptant donateur ne mérite cependant pas moins de faveur que l'ascendant. Enfin, dans les pays coutumiers, où le retour n'avait lieu comme chez nous, qu'à titre de succession l'ascendant était tenu des dettes.

L'ascendant donateur devra donc contribuer aux dettes, mais il y a ici une difficulté d'exécution, parce que l'ascendant ne succède pas à une quote part, mais à certains biens; le second alinéa de l'art. 612 indique le système à suivre dans un cas analogue, lorsque l'usufruitier à titre universel, c'est-à-dire l'usufruitier de tous les immeubles, ou de tous les meubles, ou d'une quote part de ces objets doit contribuer au payement des dettes. On estime la valeur du fonds, sujet à usufruit, puis on fixe la contribution aux dettes en raison de cette valeur.

La contribution aux dettes, due par l'ascendant donateur, devra donc être proportionnelle à la valeur totale de l'ensemble de la succession.

98. — Passons maintenant à l'obligation de répondre à l'action des créanciers, qui ne se confond pas avec l'obligation de contribuer aux dettes.

Des auteurs prétendent que l'ascendant, héritier anomal, ne peut être poursuivi à ce titre par les créanciers, ceux-ci n'auraient d'action que contre les héritiers ordinaires, sauf le recours de ces derniers contre l'ascendant.

Nous ne pouvons admettre cette doctrine. L'ascendant pour le bien donné, est héritier; les autres successibles ne le sont pas, on ne peut donc poursuivre ceux-ci pour la portion de dettes tombant à la charge du premier.

Mais, dans quelle proportion l'ascendant peut-il être poursuivi ? L'art. 873 répond, que les héritiers sont tenus des dettes et charges de la succession pour leur part et *portion virile*. La portion virile est celle qui se calcule uniquement sur le nombre des copartageants, et qui est égale pour chacun d'eux.

Ces expressions de l'art. 873 sont la reproduction de la règle ancienne; autrefois les grandes difficultés qu'on éprouvait à déterminer les parts afférentes aux divers héritiers, selon la nature et l'origine des biens, avaient fait décider, que jusqu'à la fixation de ces parts, les créanciers pourraient poursuivre chaque héritier pour sa *portion virile* (1).

La simplicité du système du code rend le plus souvent cette règle inutile, puisqu'en général on sait dès l'ouverture de la succession, dans quelle proportion chaque héritier succède au défunt. Aussi la règle maintenue par les rédacteurs du code, qui était autrefois générale, ne reçoit-elle plus son application que dans des cas exceptionnels. Dans tous les autres cas, il n'y a pas de raison d'appliquer cette règle, et l'héritier peut être poursuivi proportionnellement à sa part héréditaire connue dès l'ouverture.

Mais toutes les fois que la loi règle la succession des biens d'après leur origine, on ne peut forcer les créanciers à rester dans l'inaction, jusqu'à ce que les cohéritiers aient déterminé par une expertise leur part contributoire; on doit donc permettre de poursuivre les héritiers, selon l'ancienne règle reproduite par l'art. 873.

En cas de succession anomale, les créanciers pourront

---

(1) Pothier, Success., chap. V, art. 3, § 2, *in fine*.

exercer leer action contre chacun des héritiers pour *sa part virile*, jusqu'à la fixation des parts contributoires, sauf le recours des cohéritiers entre eux.

99. — Comme tout autre héritier, l'ascendant donateur peut n'accepter que sous bénéfice d'inventaire la succession qui lui est dévolue. S'il l'accepte purement et simplement, il est tenu de contribuer au payement des dettes et charges de la succession, même au delà de la valeur des biens qu'il reprend.

100. — Les biens donnés ne reviennent à l'ascendant qu'avec les servitudes et autres charges, dont ils ont été grevés par le donataire ; si le bien ne peut être repris par l'ascendant, qu'en payant certains droits, par exemple en cas de vente avec pacte de rachat, ou en cas de rescision de la vente pour vilité de prix, le payement de ces droits ne pèsera pas sur la succession, mais restera propre à l'ascendant. Il aura, au contraire, recours contre ses cohéritiers si, par suite d'une hypothèque, il a payé au delà de sa part contributoire.

101. — Lorsque l'ascendant donateur est appelé aussi à la succession ordinaire, il peut réclamer, par privilége, les biens donnés, et prendre en outre la portion héréditaire dans le surplus des biens de la succession.

Ce droit de succession privilégiée, à la fois quant aux biens et quant aux personnes, est tout à fait distinct des droits que l'ascendant peut avoir à la succession ordinaire. Aussi ces deux successions ne sont pas régies par les mêmes règles, ne s'acquièrent pas au même titre et ne comprennent pas les mêmes biens. L'ascendant peut donc renoncer à l'une des deux successions qui lui sont déférées, et accepter l'autre.

On s'est demandé quel intérêt le donateur pourrait avoir à accepter la succession anomale, et à répudier l'autre. Si la succession ordinaire est onéreuse, la succession anomale le sera également ; mais il peut se faire que l'ascendant attache un grand prix à recouvrer les biens donnés, et que pour cela il accepte, malgré la charge de contribuer proportionnellement aux dettes.

L'ascendant peut également avoir intérêt à renoncer à la succession anomale, après avoir accepté la succession ordinaire, lorsqu'il est en concours avec d'autres héritiers. Si la succession est mauvaise, il diminue ainsi la proportion dans laquelle il lui aurait fallu contribuer aux dettes, s'il eût été à la fois héritier dans les deux successions.

APPENDICE : Combinaisons des articles 747 et 915, C. c.

102. — *Comment les dispositions de la loi sur la réserve se concilient-elles avec les dispositions de l'article 747?*

L'article 915 établit un droit de réserve en faveur des ascendants. La réserve est une portion de la succession que la loi assure à certains héritiers contre les libéralités du défunt.

Quand un ascendant a droit à une réserve, d'après l'article 915, quelle influence peut exercer, sur le calcul de cette réserve et sans imputation, la circonstance qu'un autre ascendant, ou lui-même, vient se prévaloir du droit consacré par l'article 747 (1)?

103. — Avant de répondre à cette question, il faut poser les principes qui nous serviront à la décider ;

---

(1) *Voy.* sur cette question Chabot, Successions, art. 747, n° 15, 6°, 16 ; Toullier, V, n° 120 ; Grenier, Donations, II, n° 508 ter ; MM. Duranton, VI, n° 223, Dalloz, Répertoire, v° Succession, chap. 3, sect. 4, art. 2, n° 13, Marcadé, art. 747, n° 0 ; Zachariæ, V, § 687 ; Vazeille, art. 747, n° 12.

toutes les difficultés qui peuvent se présenter seront facilement résolues, si l'on admet les deux règles suivantes :

1° Il y a indépendance absolue, au point de vue de la réserve, entre la succession ordinaire et la succession anomale; aussi toutes les fois qu'il y a lieu à cette succession, et que le donateur l'invoque, la réserve ne peut être exercée sur les biens qui y sont soumis;

2° Toutes les fois qu'on ne peut invoquer, ou qu'on n'invoque pas le droit de succession anomale, il n'y a aucune distinction à faire entre les biens donnés et ceux qui ne le sont pas; il faut calculer la réserve sur tout le patrimoine, et l'exercer sur tous les biens sans distinction.

Justifions ces deux règles, nous verrons ensuite leur application aux divers cas qui peuvent se présenter.

104. — Pour la dévolution de la succession aux héritiers, la loi ne considère pas l'origine des biens, article 732. On suit la même règle pour le calcul et l'imputation de la réserve.

L'article 747 fait exception à cette règle pour la dévolution des biens, et consacre à ce point de vue l'indépendance complète de la succession anomale et de la succession ordinaire.

Mais la loi ne dit rien, du moins expressément, de l'application de cette exception au calcul des réserves quand il y a lieu d'y procéder, dans les diverses combinaisons de l'art. 747, avec la succession ordinaire. Doit-on cependant admettre, comme nous le faisons dans notre première règle, pour le calcul et l'imputation de la réserve, l'idée d'*indépendance complète* des deux successions ordinaire et anomale.

On peut nous objecter que le législateur, en rédigeant l'art. 747, ne s'est point préoccupé de l'extension de la règle qu'il pose aux questions de réserve. On peut ajouter que le principe de l'*unité de patrimoine* domine la matière de la réserve, et qu'on ne peut y faire exception en recherchant l'origine des biens pour fixer la quotité disponible et soustraire certains biens à la réduction qui en est la conséquence.

Nous répondrons qu'en admettant que le législateur ne se soit pas préoccupé de l'application du principe de l'indépendance de la succession anomale, au cas particulier de la réserve, ce n'est pas un motif pour la repousser. Il faudrait, pour cela, une exception formelle au principe posé par l'art. 747, qui, dans le cas de retour légal, met de côté la règle de l'art. 732.

On recherche alors l'origine des biens pour en régler la succession; on ne peut, selon nous, refuser d'appliquer le même principe à la réserve, qui n'est qu'une partie de la succession.

Nous verrons qu'en appliquant aux biens de la succession anomale les règles de la réserve, on arrive à sacrifier complétement le droit de l'ascendant donateur, et à faire succéder l'héritier ordinaire aux biens qui devraient être soumis au retour légal.

104. — La seconde règle que nous avons posée : « Quand il n'y a pas de succession anomale, on ne doit » faire aucune distinction entre les biens donnés et les » autres biens » ne peut être contestée.

Nous allons faire l'application de ces principes dans les divers cas où il peut y avoir lieu de concilier les dispositions de l'art. 915 avec celles de l'art. 747. On peut les comprendre tous dans une de ces deux hypothèses : 1° l'ascendant donateur est exclu de la succession ordinaire ; 2° l'ascendant donateur est appelé à la succession ordinaire.

105. — § 1. *L'ascendant donateur est exclu de la succession ordinaire.* — Il y a d'abord un point sur lequel tout le monde est d'accord, c'est que l'ascendant donateur n'a jamais droit à ce titre à une réserve, puisqu'il n'est appelé à la succession anomale que pour les biens dont le donataire n'a pas disposé. Les biens, qui font l'objet de la succession anomale, ne sont donc jamais soumis à une réserve en faveur de cette succession.

106. — Ils ne peuvent pas plus y être soumis en faveur de la succession ordinaire. Voyons les différentes hypothèses qui peuvent se présenter. Soient un père, un aïeul paternel donateur de son petit-fils, *de cujus*, et des collatéraux dans la ligne maternelle. Comment calculer la réserve?

1. Le défunt a disposé en faveur d'un légataire de tous les biens donnés, mais n'a pas dépassé la quotité disponible calculée sur l'ensemble du patrimoine. Nul n'a motif d'attaquer la disposition; le père a sa réserve, l'aïeul n'a rien à dire, puisqu'une disposition par testament du donataire suffit pour mettre obstacle au droit de retour légal.

Le défunt a disposé des biens donnés, mais cette disposition excède la quotité disponible calculée d'après *l'ensemble du patrimoine.* Qui aura droit de se plaindre? Le père seul réservataire.

L'ascendant donateur doit d'abord être écarté: il ne peut être question de lui, puisque la disposition du donataire lui a enlevé tout droit de retour.

Le père aura seul droit à une réserve, et il pourra la calculer sur l'ensemble du patrimoine.

On fait, à cette décision, plusieurs objections:

1° Le légataire, dit-on, peut prétendre qu'à cause de l'indépendance des deux successions le calcul de la réserve ne peut comprendre les biens donnés : le père, réservataire, n'était pas appelé à succéder à ces biens, la disposition, que le défunt en a faite, ne lui fait pas de tort, il ne peut la critiquer.

Cette prétention du légataire n'est pas fondée. La loi a introduit la succession anomale, dans une hypothèse qui n'existe pas ici, les biens donnés ayant été légués, il ne peut y avoir succession anomale, par conséquent, le légataire ne peut l'invoquer. Il est vrai que la réserve donne plus au père, qu'il n'aurait eu si les biens donnés n'avaient pas été légués, mais il n'est pas contradictoire de dire, que dans la succession *ab intestat*, le donateur est préféré au réservataire, qu'au contraire, quand il n'y a pas de succession anomale, le réservataire est préféré au légataire. La disposition de l'art. 747 n'a pas été faite en faveur du légataire, on ne peut tourner à son profit un droit qui n'a pas été établi pour lui.

2° On nous oppose un second argument ; admettons, nous dit-on, votre doctrine, vous allez faire rentrer les biens légués, qui sans cette disposition seraient retournés au donateur, dans le patrimoine du défunt, par la réduction de l'héritier réservataire ; mais lorsqu'ils seront rentrés, le donateur invoquera contre le réservataire le droit de retour, puisqu'il succède aux biens donnés à l'exclusion de tous autres. D'un autre côté, nous savons que le légataire est toujours préféré à l'héritier de la succession anomale, il aura donc le droit de reprendre les biens qui lui ont été légués ; ne vaut-il pas mieux les lui laisser de suite.

Cette objection ne doit pas plus arrêter que la première ; en effet, les biens donnés, rentrés dans la succession, pour former avec les autres biens la réserve du père, ne passeront pas à l'ascendant donateur, et le légataire ne pourra les lui reprendre, car la réduction obtenue par le réservataire ne peut profiter qu'à lui (art. 921) ; elle ne peut faire revivre son droit de retour, éteint définitivement par la disposition que le *de cujus* a faite des biens donnés.

107. — II. Supposons maintenant qu'au lieu de disposer des biens donnés, le défunt a laissé ses biens dans sa succession, et que ses dispositions testamentaires n'ont porté que sur les autres biens.

Il y aura ici concours des deux successions ordinaire et anomale. 1° Quelles conditions sont nécessaires pour qu'il y ait lieu à appliquer les règles de la réserve ; 2° sur quels biens portera la réduction ? sera-ce sur les biens donnés, retrouvés en nature ? ou sur les autres biens, dont le défunt a disposé ?

1° Pour qu'il y ait lieu à appliquer les règles de la réserve, il faudra que la disposition des biens, que nous appelerons *ordinaires*, par opposition aux biens donnés, excède la quotité disponible calculée *sur les biens ordinaires.*

Si cette doctrine n'était pas admise, si l'on accordait, dans notre hypothèse, la réduction, toutes les fois que la réserve, calculée sur *l'ensemble* du patrimoine, est attaquée, la réserve pourrait être plus grande que la succession elle-même, ce qui est impossible, puisque la réserve n'est qu'une portion de la succession à laquelle l'héritier réservataire est appelé *ab intestat.*

Donnons un exemple : Un petit-fils, donataire d'une valeur de 100,000 francs, laisse dans sa succession, outre ces biens donnés, d'autres biens valant 20,000 fr. ; il n'a fait aucune disposition. Que prendront ses père et mère héritiers réservataires en présence de l'ascendant donateur venant à la succession anomale ?

Ils auront chacun la moitié des 20,000 fr. ou 10,000 ; ils ne pourront rien demander sur les biens donnés, puisque selon l'art. 747 l'ascendant donateur y succède à l'exclusion de tous autres.

Supposons maintenant que le défunt, au lieu de mourir *intestat*, ait légué tous ses biens, ne provenant pas de donation. Le père et la mère ne pourront pas avoir droit à une réserve, calculée sur l'ensemble du patrimoine, car leur droit de réserve s'élèverait à la moitié de 120,000 fr., et dépasserait la totalité de la succession ordinaire, que le testament devait leur enlever en partie.

2° La seconde question que nous avons posée, sur quels biens doit être imputée la réserve, se trouve implicitement résolue par la décision de la première.

Comme nous venons de le voir, il n'y aura lieu d'exercer la réserve, quand les libéralités consisteront en biens ordinaires, que quand la quotité disponible calculée sur les biens ordinaires, sera dépassée. Il est clair, que la réduction devra porter sur les libéralités faites avec les biens ordinaires, puisque ce sont ces libéralités qui ont porté atteinte à la réserve. L'héritier à réserve ne pourra l'exercer que sur ces biens, et non sur ceux formant la succession anomale.

Ici encore, il y a donc indépendance complète des deux successions.

On peut faire l'objection suivante : le donataire pouvait disposer des biens donnés comme de ses biens ordinaires, s'il ne l'a pas fait, *il est censé* avoir entendu que les autres fourniraient à leur place la réserve du père.

Nous devons d'abord remarquer que, si le donataire avait disposé de quelques-uns des biens donnés, par cette disposition, ces biens auraient cessé de faire partie de la succession anomale et qu'ils auraient été soumis, comme nous l'avons vu, aux règles sur le calcul et l'imputation de la réserve.

Mais le donataire n'a pas disposé de ces biens donnés, on présume qu'il a entendu les subroger à la place de ceux légués pour former la réserve.

D'abord cette supposition est gratuite, et, en admettant même que le défunt ait eu cette intention, elle ne produirait aucun effet; il peut bien restreindre, et, dans certains cas, empêcher la succession ordinaire; il peut toujours mettre obstacle à la succession anomale, mais à une condition, c'est qu'il *disposera de ses biens;* il ne l'a pas fait pour les biens donnés : il faut suivre les dispositions de la loi. On doit dire ici, en ne disposant pas des biens donnés : il n'a pas fait tout ce qu'il pouvait faire; mais, en donnant tous ses biens ordinaires, sans laisser sur ces biens la réserve légale, il a fait plus qu'il n'avait droit de faire.

108. — Lorsque le legs, au lieu de porter sur certains biens donnés ou sur certains biens ordinaires, porte sur une somme d'argent ou d'une quote-part de la succession, comment doit se calculer la réserve?

On ne peut la calculer sur les biens donnés, comme on le ferait si ces biens étaient légués expressément, puisqu'ils font partie de la succession anomale.

Mais alors, dit-on, si on les calcule sur les biens ordinaires seuls, la quotité disponible pourra se trouver beaucoup augmentée en vertu de l'art. 747.

Cette considération ne nous arrête pas, parce que l'augmentation de la quotité disponible ne sera qu'un effet indirect de l'art. 747.

Nous avons vu l'application de la réserve dans les différentes hypothèses, où l'ascendant donateur est exclu de la succession ordinaire. Passons maintenant aux cas où donateur l'ascendant est appelé à cette succession.

109. — § 2. *L'ascendant donateur est appelé à la succession ordinaire.*

L'ascendant est libre d'accepter ou de répudier le bénéfice de l'art. 747. Lorsqu'il l'accepte, et qu'il se trouve en même temps héritier de la succession ordinaire, il peut avoir droit comme tel à une réserve.

On doit suivre, pour le calcul et l'imputation de cette réserve, les mêmes règles que nous avons exposées pour le cas où l'ascendant donateur n'est pas, en même temps, héritier dans les deux successions.

Nous dirons donc encore ici, que, pour les règles de la réserve, il y a indépendance des deux successions, et qu'on ne peut calculer cette réserve sur les biens de la succession anomale.

L'ascendant donateur, venant en même temps à la succession anomale et à la succession ordinaire, ne peut pas calculer sa réserve sur la *totalité du patrimoine*, tandis qu'un autre ascendant non donateur, en concours avec lui, calculerait la sienne sur les *biens ordinaires seuls*.

L'ascendant, qui vient à la fois comme héritier privilégié, selon l'art. 747, et comme héritier ordinaire, n'a jamais lieu de se plaindre; il n'est jamais moins bien traité que s'il n'avait rien donné; il ne se fait jamais préjudice à lui-même.

S'il n'a pas un droit de réserve aussi étendu que s'il n'était venu que comme héritier ordinaire, c'est qu'il a trouvé avantage à venir succéder, à l'exclusion de tous autres, aux biens donnés. En renonçant au privilége que lui accorde l'art. 747, comme il n'y aurait plus eu de succession anomale, la réserve aurait été calculée sur l'ensemble du patrimoine. Les autres ascendants, avec lesquels il est en concours, auraient, il est vrai, partagé avec lui cette réserve; mais cela ne nous arrête pas, car nous savons qu'il ne peut jamais y avoir lieu, par l'application de l'art. 747, à donner une réserve à l'ascendant donateur.

C'est cependant ce qui arriverait, si l'on n'admettait pas notre doctrine, puisque l'ascendant donateur aurait, à ce titre, une réserve plus forte que les autres ascendants en concours avec lui.

POSITIONS.

I. DROIT ROMAIN.

I.

La décision de la loi 6, § 1, D., *De jure dot.* (XXIII,3), n'est pas conciliable avec celle de la loi 81 *eod.* La première est plus équitable.

II.

Il n'est pas nécessaire que la fille morte pendant le mariage soit encore en puissance du père pour qu'il ait droit au retour de la dot profectice. L. 5, § 11, *De jure dot.* (XXIII, 3); L. 10, *Pr.*; L. 59, *Sol. matrim.* (XXIV, 3); L. 5, *De divort.* (XXIV, 2); L. 71, *De evict.* (XXI, 2). *Vide tamen*, L. 4; Cod., *Sol. matrim.* (V, 18).

III.

Selon Julien et Pomponius, le mari acquiert définitivement, pendant le mariage, le part des esclaves dotales, ainsi que les donations et legs recueillis par les esclaves dotaux. Les lois 31, § 4, *Sol. matrim.* (XXIV, 3), 47 et 65, *De jure dot.* (XXIII, 3), ne peuvent se concilier avec les lois 10, § 2 ; 69, § 9, *eod.*

IV.

La nullité de la restitution anticipée de la dot, ne résulte pas seulement de la règle qui défend les donations entre époux, mais d'une prohibition spéciale. L. 17, D., *De don. int. vir. et ux.* (XXIV, 1) ; L. 15, § 1 ; L. 31, § 1, *eod.;* L. Un., Cod., *Si dos const. matrim.* (V, 19) ; L. 27, § 1, D., *De religiosis* (XI, 7) ; L. 1, § 5, D., *De dote prœlegata* (XXXIII, 3).

V.

Les jurisconsultes romains étaient partagés sur le concours des actions pénales. Les lois 53, D., *Pr. de obl. et act.* (XLIV, 7), de Modestin ; 34, D., *Pr. eod.*, de Paul, ne se concilient pas entre elles, ni avec les lois 6, *Ad. leg. Jul. de adult.* (XLVIII, 5), de Papinien ; 60, *De obl. et act.;* 130, *De Reg. Jur.* (L, 17) ; 15, § 46, *De Inj.*, et plusieurs autres d'Ulpien, ni avec la loi 32, *De obl. et act.*, d'Hermogénien.

II. DROIT CIVIL FRANÇAIS.

I.

Le droit de retour légal de l'ascendant donateur s'exerce à titre de succession.

II.

Le père et la mère d'un enfant naturel reconnu peuvent exercer le droit de retour.

III.

Pour qu'il y ait lieu au retour, il ne suffit pas que les biens qui ont été donnés se retrouvent dans la succession du donataire, il faut que ces biens se retrouvent au même titre, c'est-à-dire comme biens donnés.

IV.

L'ascendant donateur n'a pas droit de reprendre les biens qui représentent dans la succession les choses données, à moins qu'il ne s'agisse de l'action en payement du prix, ou de l'action en reprise.

V.

L'ascendant qui reprend la chose donnée avec ses accessoires doit une indemnité pour la plus-value.

8

VI.

La postérité légitime, adoptive, ou naturelle du donataire met obstacle au retour, si cette postérité vient à sa succession.

VII.

Le retour n'a pas lieu dans la succession des enfants du donataire, décédés sans postérité.

VIII.

L'ascendant donateur doit contribuer aux dettes; il peut être poursuivi jusqu'à la fixation des parts contributoires, pour sa part virile.

IX.

Il y a indépendance absolue au point de vue de la réserve, entre la succession ordinaire et la succession anomale.

III. DROIT CRIMINEL.

I.

Les complices ne doivent pas supporter l'aggravation qui frappe l'auteur principal, par suite d'une qualité purement personnelle.

II.

Le recel en France d'objets provenant d'un vol commis à l'étranger, par un étranger, ne peut être l'objet d'une poursuite criminelle en France.

IV. DROIT PUBLIC.

I.

Les tribunaux peuvent apprécier en la forme la validité des arrêtés de conflit.

II.

Le conflit peut être élevé tant qu'il n'a pas été statué sur le fond de la contestation.

Vu par le doyen, président de la thèse.

E. F. PELLAT.

Vu par le recteur de l'Académie de la Seine.

CAYX.

PARIS — IMPRIMÉ PAR E. THUNOT ET Cⁱᵉ.
rue Racine, 26, près de l'Odéon.

Contraste insuffisant

NF Z 43-120-14

www.ingramcontent.com/pod-product-compliance
Lightning Source LLC
Chambersburg PA
CBHW052049270326
41931CB00012B/2692